Thomas Ertl

Russlands Ukraine-Krieg und der Westen

Ökonomische und geopolitische Auswirkungen

Thomas Ertl ist gelernter Schiffbauer und Diplom-Volkswirt. Er ist seit 2011 als Dozent für Internationale Wirtschaftsbeziehungen, Medienökonomie und Sportmanagement an der Hochschule Fresenius in Hamburg tätig. Das bevorzugte Forschungsgebiet ist Internationale Politische Ökonomie.

Von 1988 bis 2011 Tätigkeit als Geschäftsführer in Medienunternehmen mit dem Schwerpunkt Unternehmenssteuerung und IT. Seit 2012 leitet Thomas Ertl einen Hamburger Sportverein und trainiert als DFB-Kindertrainer Minikicker im Vorschulalter. Er lebt in Hamburg, ist verheiratet mit einer Kindertherapeutin, hat zwei erwachsene Kinder und ist Großvater einer Enkelin in Berlin.

Thomas Ertl

Russlands Ukraine-Krieg und der Westen

Ökonomische und geopolitische Auswirkungen

Metropolis-Verlag
Marburg 2022

Bibliografische Information der Deutschen Bibliothek
Die Deutsche Bibliothek verzeichnet diese Publikation in der Deutschen Nationalbibliografie; detaillierte bibliografische Daten sind im Internet über https://portal.dnb.de abrufbar.

Metropolis-Verlag für Ökonomie, Gesellschaft und Politik GmbH
https://www.metropolis-verlag.de
Copyright: Metropolis-Verlag, Marburg 2022
Alle Rechte vorbehalten
ISBN 978-3-7316-1517-0

Inhaltsverzeichnis

Abbildungsverzeichnis

Einleitung

Als Russland am 24. Februar in die Ukraine einfiel, konnten viele Menschen kaum glauben, was sie da in den Medien sahen. Es war wie ein schlechtes Movie aus den 1940er Jahren. Aber es bescheinigt uns auch eine gewisse Ignoranz und Teilnahmslosigkeit, denn es war bezogen auf die Ukraine bereits der zweite Überfall nach der Krim-Annexion im Jahr 2014. Die nur „sanfte" Reaktion der demokratischen Staaten hierauf wird aktuell als Appeasement-Politik gewertet.

Einen jahrelangen Pilotfilm hatte uns Russland schon in Syrien geboten. Städte wie *Aleppo* wurden dem Erdboden gleichgemacht. Wir haben fast teilnahmslos zugeschaut und natürlich auch ein wenig Kritik geübt. Die Lage war auch mehr als unübersichtlich, da neben dem syrischen Despoten *Baschar al-Assad* und den oppositionellen Rebellen auch der *Islamische Staat*, die Kurden, deren türkische Kontrahenten und der Iran, der *Assad* unterstützt, involviert sind. Der Fokus auf die Zurückdrändung des *Islamischen Staates* war wie Sand in den Augen, denn Russland nutzte diesen Umstand für die Legitimation der Aggression gegen das syrische Volk.[1]

Russlands Engagement in Syrien begann nicht erst mit dem Bombenhagel, denn die politische, militärische und wirtschaftliche Unterstützung währte bereits Jahrzehnte. Der aktive militärische Beistand kann als Start einer Zurückdrängung des US-amerikanischen Unipolarismus beurteilt werden.[2] Es ist Russlands Wiederauferstehung als militärische Supermacht und gilt auch als Blaupause für die Ukraine-Invasion.

In Syrien konnte Putin über 200 Waffensysteme vom Boden, von Schiffen, U-Booten und Kampfjets und unterschiedliche Strategien testen, ohne dass der „Westen" globale Friedensdemonstrationen organisierte. Auch auf UN-Sicherheitsrats-Ebene rührte sich kein Verlangen nach Rechenschaft für die über 20.000 zivilen Toten, die wie

---

[1] Zeit-online 2019, o.S.
[2] Katz et al. 2013.

in einem Computer-Spiel das Opfer sinnloser Bombardements wurden. Insgesamt sind laut eines UN-Berichts über 350.000 zivile Tote zu beklagen.[3]

Die Operation war für Russland ein großer Erfolg. *Assads* Macht konnte stabilisiert werden und Syrien ist russisches Protektorat mit dem Marine-Militär-Bollwerk Tartus. Während die USA sich nach und nach aus der Region zurückzogen, ist Russland zu einer nicht zu unterschätzenden Macht im Nahen Osten avanciert.

In der Ukraine wiederholt sich das Vorgehen Russlands[4], auch wenn der erste Versuch, die Ukraine komplett einzunehmen, gescheitert ist. Im Donbass werden die umkämpften Städte mit einer „Feuerwalze" (Artillerie) komplett zerstört. Von *Mariupol* ist so gut wie nichts mehr übrig. Menschliche Schicksale interessieren den russischen Despoten nicht. Es geht um die Rolle als Supermacht, die sich militärisch nach Belieben durchsetzen kann, wenn der Gegner es zulässt. Putin möchte die Grenzen in Richtung der Verhältnisse vor 1991 (Vertrag von Alma-Ata[5]) verschieben. Für einige „Putin"-Interpreten wird der Kreml-Regent von Großmachtfantasien getrieben, die sich an Zar Peter den Großen anlehnen.[6] Rationaler ist die Furcht, die demokratischen Strömungen aus der Ukraine und Weißrussland könnten auf Russland übergreifen. *Putins* Denken und Handeln zu entschlüsseln, bleibt weitestgehend spekulativ.

Die Appeasement-Politik des Westens auch nach der Krim-Annexion und der vielgepriesene „Wandel durch Handel" sind gescheitert. Das hat mehrere Gründe. Der eine liegt in der gescheiterten Transformation der UdSSR mit und nach *Michail Gorbatschow*, was im ersten Abschnitt des Textes behandelt wird. Die Figur „Putin" entsprang einem Vakuum der Orientierungslosigkeit im Übergang zur Marktwirtschaft nach westlichem Muster. Die sich entwickelnde Kleptokratie nach dem Zusammenbruch der Sowjetunion unter Präsident Jelzin spielte *Putin* insoweit in die Hände, als er sich im vermeintlichen Kampf gegen diese Art der Korruption Unterstützung in der russischen

---

[3] Zeit-online 2021, o.S.

[4] Hechler 2022, o.S.

[5] In Alma-Ata (Kasachstan) wurde am 21.12.1991 die Auflösung der Sowjetunion besiegelt.

[6] Esch 2022, o.S.

Bevölkerung sichern konnte. Dieser Kontext wird ebenfalls in Abschnitt 1 erörtert.

Ein weiteres Problem ist das Auftreten der EU und vor allem der USA im internationalen Kontext. Die Ausplünderung durch Kolonialismus und Postkolonialismus in weniger entwickelten Ressourcen-Staaten in Afrika, Asien und Lateinamerika zugunsten der Industrienationen hat den Einfluss Russlands und vor allem Chinas befördert. Die Resolution in der UN zur Verurteilung der Ukraine-Invasion hat diesen globalen Riss in der Weltgemeinschaft offenbart. Das ist auch beim G7-Treffen am 27.06.2022 deutlich geworden. Die eingeladenen Staaten neben den G7, also Senegal, Indonesien und Südafrika, machten deutlich, dass eine Positionierung gegen Russland nicht in Frage kommt, denn Russland gilt als Partner.

Russland versorgt viele dieser Staaten mit Waffen und Lebensmitteln. China ersetzt den „Westen" mit Kapital, wenn die Schuldner-Länder vom „Westen" und „seinem" Internationalen Währungsfonds (IWF) Abstand nehmen. Der Ukraine-Krieg hat für Afrika nicht die gleiche Bedeutung wie die Entwicklung der eigenen Staaten.[7] Diese Frage wird in Abschnitt 2 behandelt.

Im 3. Abschnitt wird der Ukraine-Konflikt in den Globalisierungszusammenhang gestellt. Es geht dabei auch um die These, dass der Einmarsch Russlands die Deglobalisierung fundamental eingeläutet hat. Im Ergebnis handelt es sich eher um eine geopolitische Neuordnung. Es könnten zwei oder drei Blöcke entstehen. Die demokratisch ausgerichteten Industrienationen mit der „Aufklärungs-Geschichte" der französischen Revolution auf der einen und die großen Staaten China und Russland, die auf eine sozialistische Revolution zurückblicken, auf der anderen Seite. Dazu finden sich auch noch verbündete Staaten ein. Auch Indien – ähnlich bevölkerungsreich wie China – wird ein besonderer Part zukommen, der momentan irgendwo zwischen den genannten Blöcken zu verorten ist.

Abschnitt 4 nimmt die besondere Wirkung der Inflation in den Fokus. Die in Deutschland Ende 2021 bereits auf über 5 % und im Juni 2022 auf über 7,6 % angestiegene Inflation ist kein kurzfristiges Phänomen. Es ist das Phänomen der Stagflation, also die Kombination von Wachstumsschwäche und stark steigenden Preisen, ausgehend von

---

[7] Pladsen 2022, o.S.

Deglobalisierungstendenzen und hohen Rohstoffpreisen als Folge von erratischen Nachfrageveränderungen durch die Covid-19-Pandemie. Einen kurz- bis mittelfristigen Effekt hat auch die Dekarbonisierung, denn der Ersatz von fossilen Rohstoffen durch High-Tech und kritische Rohstoffe wie Seltene Erden wirkt erst langfristig kostenentlastend.[8] Die Inflation ist genuin nicht auf den Krieg in der Ukraine zurückzuführen. Der steigernde Effekt ist nicht zu leugnen.

Russland wird nach der Krim-Annexion 2014 zum zweiten Mal von einer ausgeweiteten Wirtschaftssanktion des Westens heimgesucht. Die Sanktionen wirken, aber sie konnten die Aggression nicht kurzfristig einbremsen, wie in Abschnitt 5 gezeigt wird. Russland hatte nach anfänglichem Rubel-Verfall schnell die Währungsstabilität wieder hergestellt und muss nun das Embargo der Industrienationen über sich ergehen lassen. Das schmerzt den Staat deutlich mehr als die Sanktion des Einfrierens der Währungsreserven im Ausland. Die makroökonomischen Daten Russlands sind von der Inflation abgesehen nicht verheerend. Die russische Notenbank hat den Leitzins so erhöht, dass die Realzinsen ähnlich negativ sind wie im Euro-Raum. Der Exportüberschuss ist aufgrund der Rohstoffpreise enorm. Dennoch verbergen sich hinter den Zahlen ungewünschte Entwicklungen, denn neben den Importen aus dem Westen fehlen der Wirtschaft auch die Auslandsinvestitionen in Russland. Viele Unternehmen wie die Autobauer Daimler, BMW oder Toyota haben Russland verlassen. Das gilt auch für die Branchen Energie, Elektronik, Maschinenbau, Ernährung, Telekommunikation, Pharma, Technologie und Bekleidung.[9] Nach wie vor ist Russland industriell nicht entwickelt. Die Ressourcen werden nicht genutzt, um das Land zu modernisieren, so dass die Bevölkerung an der guten Ausgangslage partizipieren könnte. Die reichen Ressourcen bleiben im Zugriff von Staat und Oligarchen. Und damit wird Geopolitik betrieben.

Die geopolitischen Optionen hängen stark von den ökonomischen Ressourcen der vermeintlichen Blöcke ab. China gilt als rohstoffreich bezüglich kritischer Rohstoffe im High-Tech-Bereich, während Russland besonders mit fossilen Rohstoffen gesegnet ist. Im Abschnitt 6 werden die Abhängigkeiten der vermeintlichen Blöcke von kritischen

---

[8] Nagel 2022, o.S
[9] Baker 2022, o.S.

Rohstoffen dargelegt und die große Angst genommen, dass China aus einer kompletten Autarkie heraus diktieren kann, was global-ökonomisch möglich wäre. Abschnitt 7 behandelt die Abhängigkeit von Öl und Gas unter dem besonderen Fokus der EU.

Die Rolle der Oligarchen und noch mehr die Rolle von internationalen Finanzplätzen ist Thema in Abschnitt 8 (Schweiz) und 9 (City of London). Besonders die Märkte für Rohstoffhandel in der Schweiz und im Vereinigten Königreich (UK) werden im Kontext der geschichtlichen Entwicklung im Allgemeinen sowie in ihrer speziellen Beziehung zu Russland beleuchtet. Es ist die Rolle zweifelhafter Finanzströme zum Vorteil dieser Staaten und der beteiligten Unternehmen zuungunsten der Weltgemeinschaft.

Angesichts einer globalen Ernährungskrise durch die russische Blockade der potenziellen Weizen- und Sonnenblumenöl-Ausfuhren der Ukraine kann der Krieg in seiner Bedeutung nicht hoch genug bewertet werden. Rund 400 Mio. Menschen hängen vom Import aus der Ukraine ab.[10] Die neuen strategischen Möglichkeiten durch die Besetzung wichtiger ukrainischer Häfen am Schwarzen Meer demonstrieren der Weltöffentlichkeit die Macht Russlands. Dreißig Prozent der globalen Weizen-Exporte stammen aus der Schwarzmeerregion. Auch darin kann ein Interesse Russlands begründet sein, die Ukraine oder zumindest relevante Teile des Landes zu annektieren. Der Krim-Hafen Sewastopol ist nun einer der wenigen eisfreien Häfen Russlands auf europäischer Seite.[11] Weitere ukrainische Hafenstädte wie Mariupol und Odessa sind auf Putins Übernahme-Agenda.

Russlands geopolitische Rolle besteht in Ressourcenreichtum bei großer militärischer Stärke. Im aktuellen Völkerrechtsverständnis des Kreml sind diese Eigenschaften sehr effektive Waffen gegen Frieden und Demokratie. Aufgrund der wirtschaftlichen Schwäche ist Russland auf Partner angewiesen, die ein ähnliches Verhältnis zu Völkerrecht und Demokratie pflegen oder tolerant gegenüber Völkerrechtsverletzungen sind, weil die Partnerschaft zu Russland Vorteile verschafft. Der Zusammenschluss zu BRICS (Brasilien, Russland, Indien, China und Südafrika) ist ein wesentlicher Part der Verblockung. Ursprünglich als Abwehr gegen ökonomische US-amerikanische Domi-

[10] Keusch 2022, o.S.
[11] Paal 2022, o.S.

nanz bildet diese Gruppe auch im Ukraine-Krieg eher eine Gegenpartei. China nimmt dabei eine zentrale Rolle ein, denn es ist nicht nur militärisch und ökonomisch stark. China verfügt auch über ein großes Reservoir an kritischen und damit strategischen Rohstoffen.

Aus dieser Einschätzung heraus haben die USA die Volksrepublik längst als den wichtigsten Herausforderer identifiziert. Während Russland das Heil in der Verbindung zu BRICS und in China sieht, ist Chinas Interesse strategisch nicht so einfach umzusetzen. China geht den Weg einer zunehmenden Autarkie, also einer Hinwendung zum Binnenmarkt. Allerdings ist dieser Weg extrem lang und die Abhängigkeit von Märkten in den USA und Europa ist sehr groß. Das Problem wächst noch beim Blick auf die chinesischen Unternehmen, die zu großen Teilen von ausländischen Investoren gestützt und betrieben werden. Beim Wegfall des Auslands würde der Export bezogen auf Märkte und Investoren einbrechen, wenn China einen Bruch mit den westlichen Industrienationen provozieren würde. Und dann wären der Energiebedarf und damit die Nachfrage nach russischem Öl und Gas auch nicht mehr Rettungsanker russischer Allianz-Visionen. Diese Ambivalenz – oder nennen wir es Dilemma – zeigt sich in den schmallippigen Äußerungen der politischen Führungen Chinas zum Ukraine-Krieg. Russland selbst hat bezogen auf China nur 2 % dessen Warenverkehrs.[12] Für China kann der Ukraine-Krieg nur ein bedauerlicher Unfall der Geschichte sein. Der Krieg bringt China in vermeidbare Nöte.

---

[12] Kretschmer 2022, o.S.

1. Die gescheiterte Transformation der UdSSR

Der Anfang: Putins Rückhalt in Russland

Der Fall der Mauer 1989 machte Hoffnung auf eine demokratische Gesellschaft auf marktwirtschaftlicher Basis. Die Bilanz in 2022 ist ernüchternd: Von einer Demokratie sind nicht einmal mehr Spurenelemente sichtbar und die Marktwirtschaft ist in letzter Konsequenz ein Selbstbedienungsladen der herrschenden Machtelite.

Das ist typisch für Staaten, auch als Ressourcen-Staaten bezeichnet, mit einem schier endlosen Reichtum an Rohstoffen, die nur gehoben werden müssen. Eine Kombination von Rohstoffreichtum und Demokratie ist real sehr rar. Die USA sind eine bestätigende Ausnahme, denn gerade Bundesstaaten wie Texas stützen diese These. Die rohstoffreichen Bundesstaaten sind von konservativen *Republikanern* beherrscht, die anderen tendenziell von *Demokraten*. Norwegen als Gegenbeispiel war zum Zeitpunkt der großen Öl-Entdeckung kulturhistorisch bereits „durchdemokratisiert". Der Widerstand gegen Nazi-Deutschland war sicherlich hilfreich.

Das soll aber nicht heißen, dass rohstoffreiche Staaten für die Demokratie verloren sind. Die Aneignung der Bodenschätze durch herrschende Gruppen liegt aber nahe. Diese Gruppen verteidigen ihre Pfründe teilweise gnadenlos und versuchen auch demokratische Widerstände durch Gewalt zu brechen oder – wie beim Sturm auf das Kapitol sichtbar – ihre Macht zu restaurieren.

Eine auf Kreativität ausgerichtete Volkswirtschaft ist mit Autoritarismus schwer vereinbar (gilt auch für Unternehmen). Ein geschundenes Volk lässt sich nicht en gros zu kreativer Arbeit verleiten.[13]

---

[13] Hier könnte mit China ein gewichtiges Gegenargument erhoben werden. China vereinigt zwei „Chinas", das der Landwirtschaft und das der Metropolen wie Shanghai, Peking, Wuhan und Shenzhen. Die Bevölkerung in den Metropolen gibt den Takt vor und diese Gruppe muss aus Sicht der Staats- und Parteiführung bei Laune gehalten werden. Dazu dient vor allem konsumtives Wachstum.

Was lief schief, als Russland die Chance zur Demokratisierung wiederholt nicht nutzte, trotz Gorbatschows Glasnost (Öffnung) und Perestroika (Umgestaltung)?

Es macht einen großen Unterschied, ob Reichtum erwirtschaftet oder nur verteilt werden muss. Der zweite Vorgang setzt keine motivierte Gesellschaft voraus. Putins Regentschaft begann 2000 nach fast einem Jahrzehnt desaströsem Transformationsprozess: Wirtschaftskrise und sinkender Lebensstandard wurden flankiert von hoher Kriminalitätsrate, Korruption und behördlicher Willkür noch vor Putins Ära. Partikularinteressen aus Wirtschaft und der Organisierten Kriminalität (den sogenannten Oligarchen) beherrschten die russische Administration.

Nobelpreisträger und Ex-Weltbank-Chefvolkswirt Joseph Stiglitz stellte bereits 2002 in seinem Buch „Die Schatten der Globalisierung" fest, dass Putin eine rätselhafte Person sei. Putin konnte aufgrund der desaströsen Lage nicht viel verkehrt machen und profitierte vom steigenden Ölpreis bis zur Fracking-Orgie der USA und der Aufhebung der OPEC-Förderhöchstmengen.

Wie konnte ein so reiches Land 1998 in die Insolvenz geraten?

Das BIP verlor vor Putins Machtantritt 54 %, die Industrieproduktion sogar 60 % und der Viehbestand halbierte sich zwischen 1990 und 1999. Die Freigabe der zuvor festgesetzten Preise öffnete die Schleusen für eine heftige Inflation.[14] Der Rückgang der Waren-Produktion während der Transformation verursachte einen inflationären Nachfrageüberhang.

Das führte einerseits zum Aufzehren relevanter russischer Ersparnisse und ebenso zum Versickern der importierten Kapitalströme. Die

---

Das ist der Deal. Die vom Westen formulierten demokratischen Freiheiten sind in China nicht so populär. Wer allerdings Kontakt zu dieser Freiheit hatte, möchte nicht bevormundet werden, wie die Ereignisse in Hongkong zeigen. Die Insulaner sind in den letzten Jahrzehnten westeuropäisch sozialisiert worden und können sich nicht mit der Festland-Diktatur anfreunden: Der Civilisations-Clash ist unausweichlich.

[14] Stiglitz 2004, S. 193.

in Rubel konvertierten USD waren nicht mehr viel wert, sobald sie getauscht waren.

Es wurden keine Infrastrukturen für Markt- und Wettbewerbsregeln in Form von Wettbewerbs- und Aufsichtsbehörden geschaffen; ein notwendiges modernes Steuersystem wurde immer noch durch mafiöses Schutzgeld ersetzt, was mit Putin (13 % Einkommensteuer für Inländer) besser wurde. Das russische Vermögen wurde per Lotterie an die Nomenklatura mit den besten Verbindungen vergeben.

Der Preis für Öl wurde im Gegensatz zu Konsumgütern nicht dem Markt überlassen, sondern blieb reguliert niedrig, was zu einem extrem profitablen Verkauf auf internationalen Märkten animierte, wo der Weltmarktpreis deutlich höher notierte. Nutznießer waren die Apparatschiks und deren Vetter! Die sogenannten Oligarchen nutzten ihre Nähe zur herrschenden Administration zum gewinnversprechenden „Aufkauf" relevanter Unternehmen und Bodenschätze wie eben Öl. Dazu zählte der inzwischen im Exil lebende Chodorkowski, der seinen (Über-)Mut mit vielen Jahren Gefängnis bezahlen musste. Nicht nur er bediente sich am russischen Volksvermögen. Es waren die Jünger und Unterstützer von Jelzin, die die Geschenke gerne annahmen, danach aber nicht einmal Steuern aus den explodierenden Gewinnen abführten. Es war ja Common Sense. Mit dem Übergang zu Putin veränderte sich die Lage, denn dieser war an diesen Aktionen zumindest nicht offensichtlich beteiligt Er konnte sich öffentlichkeitswirksam als Retter Russlands aufschwingen und Leute wie Chodorkowski unter Applaus brandmarken.

Chodorkowski hatte den Fehler begangen, sich tatsächlich frei zu fühlen, da er wie viele andere Oligarchen einen Deal mit Jelzin geschlossen hatte und Steuern nachzahlte, um nicht belangt werden zu können. Dieser Deal galt für Putin nur so lange, wie die Oligarchen nach seiner Pfeife tanzten. Chodorkowski hatte seine Leichen im Keller vergessen. Er wähnte sich frei, war aber immer ein Gefangener Putins, denn dieser hielt die Leichen in den Kellern der Oligarchen in seiner Registratur fest. Er nutzte jedwedes Oppositionsgebaren, um erbarmungslos zurückzuschlagen. Die Sympathien der russischen Bevölkerung waren ihm nach gut 10 Jahren Wohlstandsabbau sicher: Korruption ist außer bei den Nutznießern nirgends beliebt.

Die Oligarchen, die das Spiel Putins verstanden und es zu Vermögen gebracht hatten, schützten das Gewonnene durch Anlagen in

USD im Ausland und bedachten Putin mit Unterstützung aller Art. Letztlich hatten auch die Enthüllungen im Zuge der Panama-Papers Milliarden USD zu Tage gefördert, die ein Sankt Petersburger Strohmann und Kumpel Putins für diesen hielt. Der Inhaber einer Sankt Petersburger Musikschule war auf dem Papier (in Panama) nicht nur mehrfacher Milliardär, sondern auch Anteilseigner einer relevanten Sankt Petersburger Bank. Und Panama erhebt keine Ertragssteuern. Putins Präsidentengehalt von ca. 130 Tsd. EUR p.a. hat eher Symbol-Charakter.

Das Szenario des Übergangs und der Anfang vom Ende

Die Aufbruchstimmung nach dem Ende der Sowjetunion verflog bei den internationalen Investoren schlagartig, als auch bedingt durch die Asienkrise die Weltwirtschaft 1997/1998 leicht schrumpfte und die Schwellenländer als riskant eingeschätzt wurden. Ob die schlechte Entwicklung Russlands die Asienkrise puschte oder umgekehrt ist dabei nicht so wichtig.

Der stark überbewertete Rubel (durch den Kapitalfluss der Finanzritter) konnte bei der maroden russischen Wirtschaft nicht länger gehalten werden. Die Inflation hatte die Substanz zerfressen und die Zentralbank folgte seinerzeit dem IWF, den Rubel zu stützen. Um das ausländische Kapital zu halten, erhöhte die Zentralbank den Leitzins drastisch, teilweise tageweise auf bis zu 150 % in 1998. Die Kreditzinsen zogen nach und nahmen einen Wert von durchschnittlich über 40 % an.

Für die Binnenwirtschaft war das Gift und führte zum weiteren Rückgang. Das Rezept wurde vom IWF ausgegeben, der bar jeder vernünftigen Expertise weltweit dieses Vorgehen präferierte und erst seit einigen Jahren, wenn auch versteckt in Fachaufsätzen, Abbitte leistet. Statt Umbau der Wirtschaft durch Nutzung des Bodenreichtums – wie teilweise im Nahen Osten (Emirate) oder in Norwegen – kam es zum Ausverkauf und zur Kapitalflucht reicher Russen. Aber die Quelle war ja noch vorhanden. Und Chodorkowskis Yukos-Konzern, einer der größten globalen Öl-Konzerne, wurde später in den 1993 gegründeten Staatskonzern Rosneft überführt, wobei er rein handelsrechtlich von Strohfirmen aus Sibirien übernommen wurde, deren Spuren sich nicht nachvollziehen ließen. Aber das ist eine Story für sich. Putin war sichtlich stolz auf diesen Coup und erzählte das amüsiert seinem Gerd (Schröder) aus Hannover im Beisein von Joschka Fischer.[15]

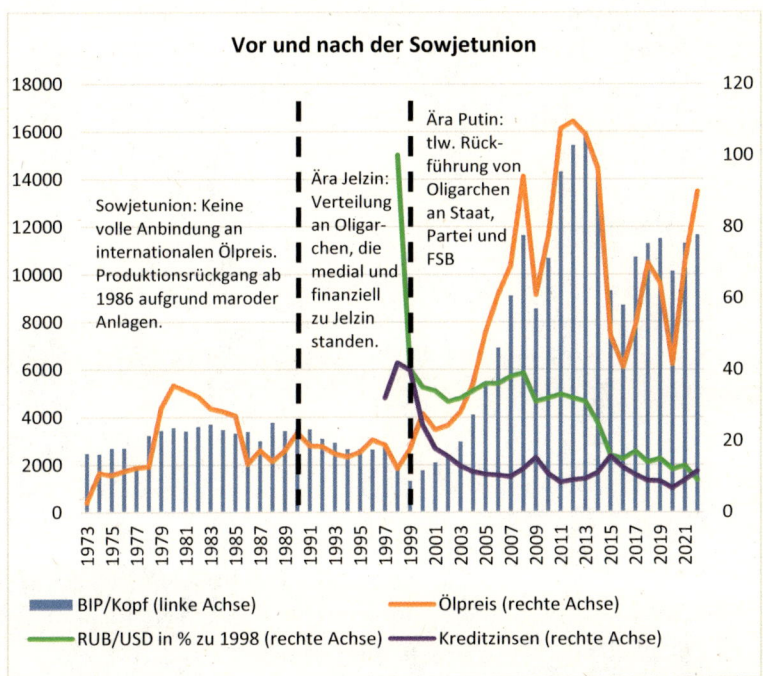

Abbildung 1: Etappen der UdSSR-Transformation in Relation zum Ölpreis

Daten: Weltbank und Statista. ©te

Mit der Erholung des Ölpreises und der vollzogenen Verteilung russischer „Perlen" begann die Putin-Ära. Putin hatte lange Zeit freies Spiel und konnte Währungsreserven horten. Bei besonders gefüllter Kriegskasse schlug er stets zu: Georgien, Krim und Ukraine (Abbildung 2).

Putin bringt sich durch seine Invasionen in die Lage, in der russischen Geschichte Stalin zu folgen. Massive Repressionen, Abbau aller Formen von Rest-Demokratie, genozidartige Aggressionen gegen ehemalige Sowjetrepubliken und Drohung atomarer Gewalt zeigen

[15] Cyril Tuschi 2011, o.S. (Movie).

einen Despoten, der in der Folge anderer russischer Herrscher lediglich eine andere Gruppe von Nutznießern um sich geschart hat.

Die Ukraine ist seit langer Zeit das Ventil großrussischer Putin-Expansions-Visionen. Die innere Unterstützung ist Putin so wichtig, dass er nun bis auf WhatsApp alle sozialen Medien gekappt hat. Mit Staatspropaganda über Neonazis, die tatsächlich z.B. im ASOW-Regiment existieren, legitimiert er seinen Einmarsch in die Ukraine ebenso infam wie mit dem Hinweis, dass die NATO über Belgrad auch Bomben abgeworfen habe, um einen Genozid zu verhindern. Doch das reicht nicht mehr aus, um die wahren Absichten im Inland dauerhaft zu vernebeln.

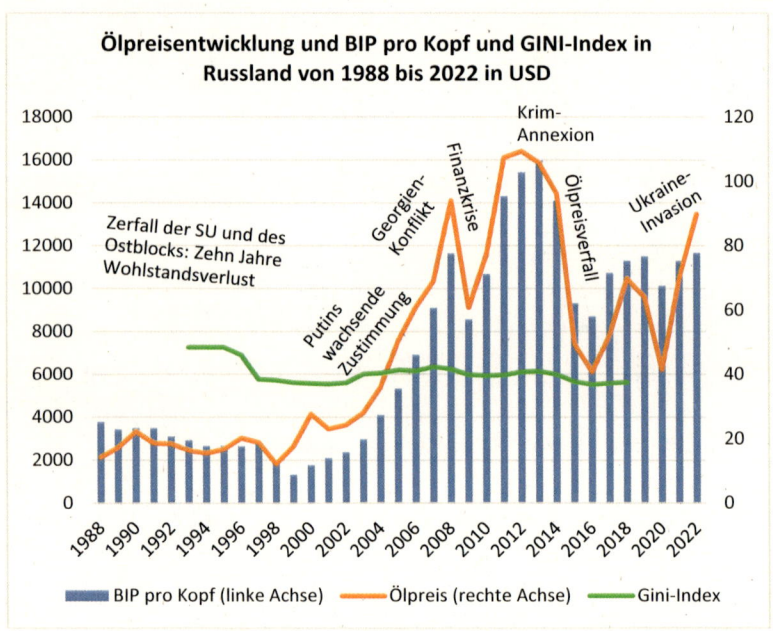

Abbildung 2: Ölpreisentwicklung und BIP pro Kopf in Russland von 1988 bis 2022

Daten: Weltbank und Statista. ©te

Die Bedeutung der Energie-Einnahmen für die Kriegsführung wird in der Abbildung 2 deutlich. Russland wird auf die Unterstützung der anderen BRICS-Staaten als Energieabnehmer angewiesen sein, um den Staatshaushalt finanzieren zu können. Ob China das gewagte Spiel einer Achse gegen den Westen eingeht, bleibt fraglich. Wer soll die chinesischen Waren kaufen? Russland hinge am chinesischen Tropf und Indien als weiterer BRICS-Brocken ist erstens nicht so weit, zum Massenkonsument Chinas aufzusteigen, und befindet sich zweitens im Zwiespalt der beiden größten Handelspartner USA und China. Das Dilemma liegt auch auf US-amerikanischer Seite, denn die USA drohten Indien in 2021 noch mit Sanktionen wegen des Kaufs russischer Raketen.[16] Nun umgarnen die USA, EU und UK das große Reich, weil Indien eine wichtige aufstrebende Wirtschaftsnation ist, die in dieser Eigenschaft nicht nur ein großer Markt ist, sondern Russland erheblich stützen könnte. Das wird für Putin wohl nicht reichen. Dennoch ist erkennbar, dass es mehr als Lippenbekenntnisse sind. Russland ist im Juni 2022 zum Hauptlieferanten für Rohöl nach China avanciert.[17] Die Rollenverteilung ist anscheinend auch geklärt, denn China erwirbt das Öl 35% unter Weltmarktpreis. Für Russland lohnt sich der Handel dennoch, denn der Preis liegt immer noch weit über Vorkriegsniveau.[18] Außerdem hat Indien seit Kriegsbeginn den Öl-Import aus Russland auf 18% der russischen Förderung gesteigert und teilweise nach Europa weiterverkauft, weil der Einstandspreis Dumping-Niveau hatte.[19]

[16] Sattar, Mayid 2022, o.S.
[17] Kühl 2022, o.S.
[18] Ebenda.
[19] Tietz, Volker 2022, o.S.

2. Putin im Kontext von BRICS, UNO und Sanktionen

Die UNO-Resolution gegen den russischen Einmarsch in die Ukraine fiel nicht gerade einhellig aus. 40 von 181 Staaten waren anderer Meinung.

Afrika und die UNO-Resolution gegen Russlands Ukraine-Invasion vom 25.03.2022

Abbildung 3: Abstimmung afrikanischer Staaten zur UNO-Resolution

Fünfundzwanzig afrikanische Staaten schlugen sich nicht auf die Seite der Initiatoren. Es sind dies:

- Äthiopien, Guinea, Guinea-Bissau, Burkina Faso, Togo, Kamerun, Eswatini und Marokko nahmen nicht teil.

- Algerien, Uganda, Burundi, die Zentralafrikanische Republik, Mali, Senegal, Äquatorialguinea, Kongo Brazzaville, Sudan, Südsudan, Madagaskar, Mosambik, Angola, Namibia, Simbabwe, Tansania und Südafrika enthielten sich.

- Eritrea votierte mit Russland und den anderen Paria-Staaten Syrien, Nordkorea und Belarus gegen die Resolution.

Es ist kein Zufall oder gar Fehlorientierung, dass sich etliche afrikanische Staaten nicht der Verurteilung anschließen. Es sind einerseits Folgen sowjetischer Solidarität der 1980er Jahre mit den Befreiungsbewegungen in Angola, Mosambik etc. und besonders des ANC in Südafrika gegen Kolonialismus und Apartheid. Andererseits ist es ein Votum gegen die USA und die Industrieländer des Westens, die auch nach der Dekolonialisierung weiter die afrikanischen Staaten exklusiv als günstige Ressourcenländer nutzten. Insbesondere hatte man es auf die metallischen Bodenschätze abgesehen. Der Westen verstand unter Entwicklungshilfe eher das Erschließen neuer Beschaffungsmärkte und die Gelder flossen nicht selten direkt in die Taschen korrupter Entscheidungsträger. Das geht so weit, dass kenianische Bürger den IWF aufforderten, keine Kredite in das Land zu pumpen, da diese ohnehin nur versickerten und die Schuldenlage nur verschlechterten,[20] ganz ähnlich wie bei den Hilfspakten in Russland während der Transformationsphase.

Das Votum ist aber nicht nur mit Protest gegen diese Politik und mit nostalgischer Revolutionsromantik zu erklären. Inzwischen unterhält Russland mit 19 afrikanischen Staaten wirtschaftliche und militärische Beziehungen und ist nicht nur Waffenlieferant.

Militärische Berater, Bodyguards für Diktatoren und Ausbilder-Einheiten vertiefen die Kooperationen. Indirekt greift Russland mit der Söldner-Truppe „Wagner" in die Konflikte des Kontinents ein. Im

---

[20] Böhm 2021, o.S.

Gegenzug erhält Russland Schürfrechte.[21] Es sind dennoch weniger ökonomische als geostrategische Interessen des Kremls.

Auch hier hat der Westen die Chance vertan, diesen Staaten und Nationen effektiv zu helfen und sie partnerschaftlich an sich zu binden. Die Kolonialstrukturen wurden genutzt, um eigene Geschäfte voranzubringen. Die Kinderarbeit in den Kobalt-Minen Kongos für unsere schmucken elektronischen Geräte und E-Autos sind nur die publikumswirksame Spitze des Eisbergs.

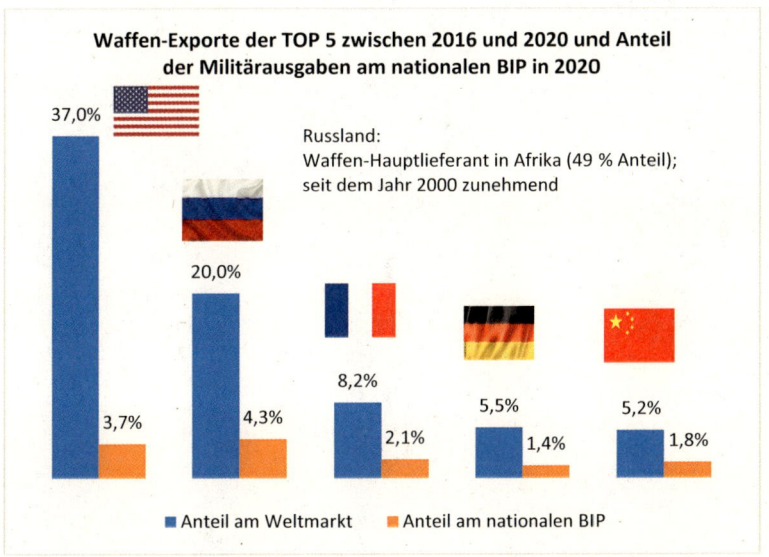

Abbildung 4: Waffenexporte der TOP 5 zwischen 2016 und 2020

Daten: SIPRI Yearbook 2021 und Weltbank. ©te

Der Einfluss Russlands ist allerdings gegenüber dem Chinas als gering einzuschätzen. China hatte bereits zu Maos Zeiten in den 1970er Jahren den afrikanischen Kontinent als nützlich identifiziert und infrastrukturelle Hilfen angeboten. Chinas Einfluss ist groß; über 300 Mrd. USD flossen zwischen 2005 und 2018 in den Kontinent. Chinas Horizont geht über das kurzfristige Geschäft des „Hot Moneys" von Finanz-

---

[21] Diekhans/Grieß 2022, o.S. Da Russland selbst über immense Rohstoffe verfügt, ist dieses Argument nicht entscheidend.

investoren und Weltbank hinaus. Milliardenschwere Projekte wie die Erstellung von Schienennetzen waren längst eine bevorzugte Unterstützung.[22] Tansania wurde schon in den 1970er Jahren ausgeguckt. Im Gegensatz zu IWF/Weltbank wurden keine Annahme von Werten/Dogmen (Junktim) verlangt. Es mussten keine roten Fahnen geschwenkt werden. Da war China immer zurückhaltend, was ihnen weltweit bei den Nicht-Industriestaaten zugutekommt.

Staaten, die China die Kredite nicht zurückzahlen, geraten in Abhängigkeit und kompensieren mit Rohstoffen wie etwa Angola mit seinem Öl.[23] In 32 afrikanischen Staaten ist China der größte Gläubiger und die vom Westen beschworene Schuldenfalle ist nichts anderes als das, was vorher durch den Westen erfolgte. Die afrikanischen Staaten könnten bei Druck aus China wieder zum IWF zurückkehren. Dazu müsste dieser seine Strategie freilich ändern.

In diesem Zusammenhang muss auch das Wirken der USA thematisiert werden. Als großer Gewinner des Zweiten Weltkriegs war die USA in der Lage, den anderen Nationen nicht nur den USD als Leitwährung aufzuzwingen, sondern auch globale Organisationen unter eigener Führung zu installieren. Diese Institutionen machen es den anderen – und vor allem den noch nicht industrialisierten Nationen – unmöglich, einen nennenswerten Einfluss auszuüben. Es handelt sich um ein neoliberales Programm zur Durchsetzung US-amerikanischer Interessen: Staaten, die Hilfen benötigten, um das globale US-Betriebssystem nicht zu stören, mussten sich dem Diktat des IWF beugen, der direkt aus Washington gebrieft wurde. Daher stammt auch der Begriff „Washington Consensus": eine neoliberale Agenda.

IWF und Weltbank werden nicht demokratisch, sondern nach dem Prinzip „One Dollar, one Vote" geführt. Die Machtverhältnisse waren/sind durch die USA und andere Industrienationen zementiert. Die WTO hingegen ist 1995 aus dem GATT (Gründung 1947) entstanden und folgt dem Motto „One Flag, one Vote". China kam 2001 dazu und konnte schnell viele andere Staaten zu einer Opposition zusammenführen. In diesem Zusammenhang bildeten sich 2006 die BRICS-Staaten (Brasilien, Russland, Indien, China und Südafrika) als Gegenpol zu den etablierten Industriestaaten. Seitdem haben die USA das Inter-

---

[22] Brandt 2019, o.S.

[23] Zapf 2020, o.S.

esse verloren und Trump jammerte jahrelang über die unfaire WTO. Damit wurde auch das Feld für BRICS und vor allem für China freigegeben. Russlands Rolle ist auch hier in erster Linie die eines Rohstoff- und Rüstungslieferanten. Indien ist Großabnehmer russischer Waffen und hatte bereits nach dem Zweiten Weltkrieg einen Weg zwischen Sozialismus und Kapitalismus verfolgt. Das Interesse an einer Zusammenarbeit mit der Sowjetunion ist nicht neu. Insofern ist das Votum der BRICS, die immerhin über 40% der Weltbevölkerung stellen, nicht weiter erstaunlich.

Die USA stahlen sich aus dem Multilateralismus heraus und bemühten sich seitdem um bilaterale und/oder regionale Handelsabkommen. Die WTO ist nunmehr „tot". Es hängt ursächlich mit dem imperialistischen Drang der West-Nationen zusammen, voran die USA.

Unter den BRICS befinden sich militärische Schwergewichte: drei Atommächte. Zwischen den Staaten Indien und China kommt es allerdings immer wieder zu Reibereien um Grenzen (Ladakh-Gebirge).[24] Deshalb betrachtet Indien die beabsichtigte Achse China-Russland mit Sorge. Aber Russland ist im Atom-Triumvirat eine ökonomisch schwache Nation (Abbildung 5 zeigt den Abstand zu Indien/China).

Die Ukraine entwickelte sich nicht schlechter als Russland trotz der Drangsalierung im Osten. Der Rückgang im BIP während der Krim-Annexion ist evident, betraf aber auch den Aggressor, der anschließend unter den Sanktionen durch den Westen litt. Im Vergleich dazu hat Rumänien das BIP pro Kopf von ca. 1.750 USD in 1988 auf ca. 12.900 steigern und Russland (10.126 USD) überholen können.[25]

Die Ukrainer sehen den Nachbarn Rumänien als Profiteur der EU und haben ebenso einen Blick auf die Stagnation des Besetzerlandes Russland. Das ist keine gute Werbung für den russischen Weg und zieht das ukrainische Volk in die EU. Die baltischen Republiken stehen Rumänien in nichts nach und sind ebenfalls ein Modell zum Nachahmen.

Innerhalb der BRICS befindet sich Russland im Wachstumsniveau auf der Höhe von Brasilien und Südafrika, also den schwächelnden

---

[24] Pfeifer 2021, o.S.

[25] Das gilt nicht für die Kaufkraft in der eigenen Währung, sondern für Importgüter. Der Rubel ist latent unterbewertet und entfaltet im Inland eine relativ höhere Kaufkraft. Für die beliebten ausländischen Konsumgüter ist ein schwacher Rubel ein Nachteil. Jede Abwertung erzeugt import-induzierte Inflation.

Schwellenländern. Im Jahr 2013 war Russland noch an Indien dran, aber dann „musste" Putin seinen Visionen folgend einen anderen Weg gehen.

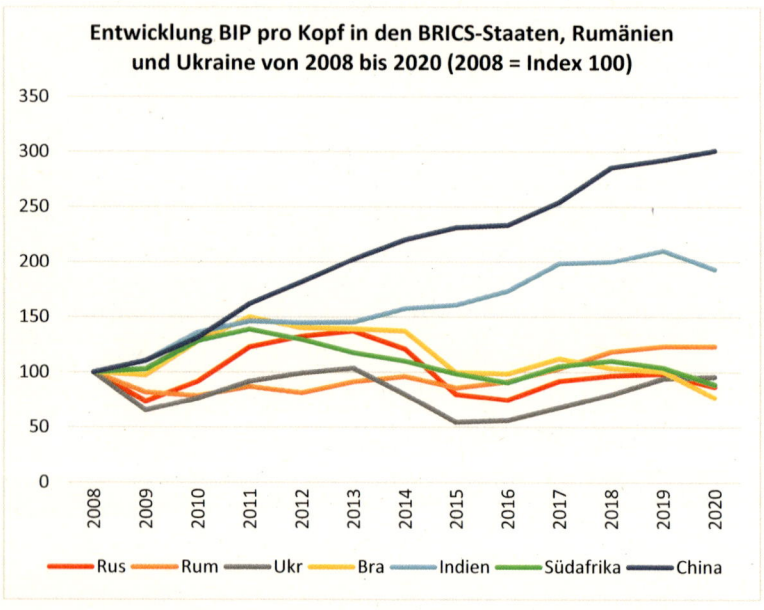

Abbildung 5: BIP pro Kopf von BRICS, Ukraine und Rumänien

Daten: Weltbank. ©te

Die Sanktionen und Gegensanktionen werden die Weltwirtschaft schädigen und es sind die Schwellenländer, die als Erstes darunter leiden. Darunter sind einige Nationen, die sich nicht für die UNO-Resolution gegen Russland ausgesprochen haben.

Afrika bleibt ein Hindernis in der Isolierung Russlands und der Westen sollte endlich um Vergebung bitten und die Hilfe bereitstellen, die dem Kontinent wirklich Fortschritt ermöglicht: viel „Reparation"[26] mit Unterstützung für infrastrukturellen Ausbau.[27]

---

[26] Deutschlandfunk 2022, o.S.

[27] Das bezieht sich auf Kolonialismus und die Zeit danach (Postkolonialismus). Deutschland strebt z.B. mit Namibia ein Versöhnungsabkommen mit einer „Reparationszahlung" von 1,1 Mrd. Euro an. Es gilt als Kompensation für den Völkermord an den Volksgruppen *Herero* und *Nama*.

3. Hat der Ukraine-Krieg die Dividende der Globalisierung pulverisiert?

Die Dividende ist der Ertrag der jahrzehntelangen Direktinvestitionen und Ressourcenausbeutung. Das führte auf der einen Seite zu Arbeitsplätzen und auf der anderen Seite zur Verbilligung von Konsumgütern und Rohstoffen. Die Deglobalisierung wird diese Vorteile (Dividende) zunichte machen und damit die Dividende der Globalisierung pulverisieren. Wie kommt es dazu?

Viele renommierte Ökonomen sind ganz plötzlich von der Erkenntnis überrascht, dass die Hyper-Globalisierung mit dem Ukraine-Krieg ihr Ende gefunden hat.[28] So schätzt es Gabriel Felbermayr[29], der ehemalige Chef des Kieler Instituts für Weltwirtschaft (IfW), ein. Das ist möglicherweise – oder sogar wahrscheinlich – keine überragende Gedankenleistung. Die Hyper-Globalisierung wurde bereits vor der Ukraine-Invasion gebremst, wie weiter unten gezeigt wird.

20 Tage vor der russischen Invasion hat Felbermayr in einer öffentlichen Videokonferenz der OECD[30] Folgendes von sich gegeben und damit auf die Auswirkungen der Corona-Pandemie angespielt:

> „Der Welthandel sieht nicht so aus, als sei er in der Krise …" „Der Welthandel ist stark zurückgekommen, wir liegen aktuell acht Prozent über dem Vorkrisenniveau. Das heißt, eine Krise lässt sich eigentlich nicht erkennen."[31]

Die Steigerung des Welthandels um 8 % im Jahr 2021 gegenüber der Periode vor der Pandemie beruht allerdings auf Nachholeffekten, Kon-

---

[28] Felbermayr 2022, o.S.

[29] Der gebürtige Österreicher leitet seit Oktober 2021 das Österreichische Institut für Wirtschaftsforschung (WIFO), ist Experte für internationale Ökonomie und gilt als echtes „Schwergewicht" auf diesem Gebiet.

[30] Organisation for Economic Co-operation and Development.

[31] Die Presse 2022, o.S.

junkturprogrammen und einer Erhöhung der Rohstoffpreise.[32] Statistiken rund um die Corona-Pandemie sind wenig aussagekräftig.

Weiter führt der Ökonom aus, dass er sich wegen der Auseinandersetzung um die Ukraine sorgt: „Die geopolitischen Risiken machen mir Sorgen." Immerhin!

Im Jahr 2019 vor der Pandemie und der Abwahl Trumps sorgte sich Felbermayr hauptsächlich um den Konflikt USA vs. China, die Zollstreitigkeiten und das Fortbestehen der WTO[33] und empfahl der deutschen Exportwirtschaft als Reaktion auf Zoll-Erhöhungen Folgendes:

> „Klar, die Exportwirtschaft muss reagieren. Das derzeitige deutsche Exportmodell ist riskant, wenn es neue Zölle gibt. Wenn die Zollkonflikte eskalieren, führt kein Weg daran vorbei, Kapazitäten im Inland abzubauen und vermehrt Produktion hinter die Zollmauern zu verlagern – also stärker dort zu produzieren, wo Zölle erhoben werden. Anders kann man sich gegen Zollrisiken nicht schützen."[34]

Die Gewerkschaften würden hier nicht applaudieren, doch aus heutiger Sicht ist die Exportorientierung wohl ähnlich zu bewerten wie die Rohstoffimport-Abhängigkeit. Es sind zwei fatale Abhängigkeiten mit hoher autokratischer Beteiligung, mit China (Absatz- und Beschaffungsmarkt) und Russland (Rohstoffe) als wesentlichen Geschäftspartnern. Die Empfehlung Felbermayrs bezüglich einer Produktionsverlagerung lässt die Verkürzung auf Interessen multinationaler Konzerne erkennen. Was ist der Benefit für die deutsche Bevölkerung, wenn die Produktionen (Fabriken) Deutschland verlassen?

Innerhalb der EU leben immer noch knapp 450 Mio. Menschen und mit UK, der Schweiz und anderen Demokratien sind es weit über 500 Mio. Mit der Ukraine und anderen EU-Anwärtern wären es schon annähernd 600 Mio. Könnte dieser „Binnenmarkt" nicht auch ausreichen, um die Interessen nicht nur dieser Unternehmen, sondern auch der Europäer insgesamt zu sichern? Jeder Deal darüber hinaus, z.B. auch mit den USA, könnte auf dieser Basis erfolgen, also mit Vor-

---

[32] Handelszeitung 2021b, o.S.

[33] World Trade Organisation: 1995 als Nachfolgeorganisation der in 1947 entstandenen GATT (General Agreement on Tariffs and Trade) gegründet.

[34] Losse 2019, o.S.

sicht und dem Vertrauen in den eigenen Binnenmarkt. Die Abhängigkeit von fossilen Rohstoffen und die Abhängigkeit vom chinesischen und vielleicht zukünftig indischen Markt kann nicht im Interesse der Europäer sein. Die Misere um die fehlenden Masken während der Pandemie war nur ein leises Signal zum Aufwachen, ebenso die Knappheit an Kopfschmerztabletten, was nicht nur an der Verzweiflung über deutsche und EU-Politik lag. Die Hyper-Globalisierung bezieht sich auf den Erfolg der WTO als Beseitigerin aller Handelshemmnisse. Der Welthandelsboom begann nach 1990 und endete mit dem Finanz-Crash 2008/2009.

Abbildung 6: Entwicklung globaler Exporte von 1948 bis 2020 in Mrd. USD

Die Entwicklung nach dem exportierten Finanzcrash der USA hat die Finanzinvestoren eingebremst und damit eben auch den Kapital-Flow in die Schwellenländer. Auch der Handel war infiziert, wobei China gerade noch so viel volkswirtschaftliche Energie hatte, um zumindest global einiges aufzufangen. Nur die Perspektiven waren auch für Chinas Export nicht mehr so rosig, so dass die Hinwendung zum eigenen (Binnen-)Markt unausweichlich war.

Chinas Aufstieg zur ökonomischen Weltmacht

Die Chinesen selbst konsumieren seitdem deutlich mehr eigene Leistungen. Der Dienstleistungssektor entwickelte sich ähnlich wie in den westlichen Volkswirtschaften. Letztlich hatten die in USD angelegten chinesischen Ersparnisse auch mit zur Dollar-Überflutung in den USA geführt und die Neigung zum Hasardieren deutlich gepusht.

Abbildung 7 macht die Stagnation im Industrie-Sektor, die Produktivitätsentwicklung in der Landwirtschaft und die Strukturänderung durch den Dienstleistungssektor sichtbar. Mit dieser Entwicklung war nach etlichen Jahren überragender Wachstumsraten in China zu rechnen. Warum sollten die Chinesen für das Ausland und die eigene Askese fertigen.

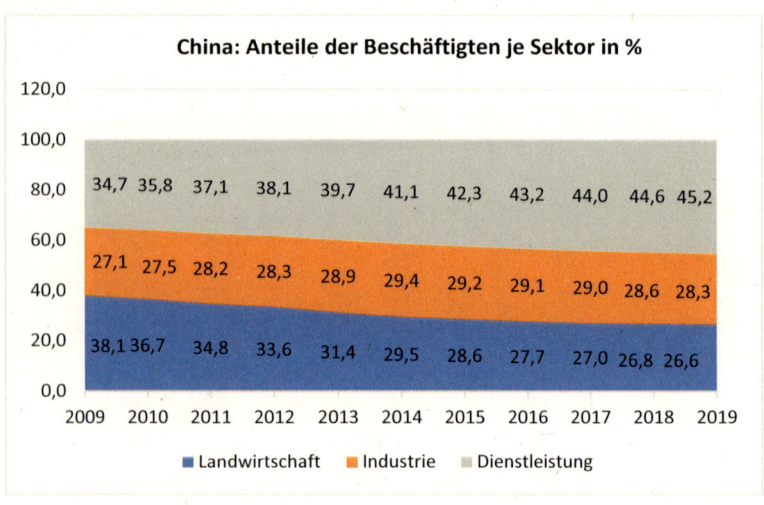

Abbildung 7: 3-Sektoren-Modell der Beschäftigten in China von 2009 bis 2019

Daten: Statista. ©te

Die Globalisierung ist auch deshalb immer mehr an ihre Grenzen geraten, da chinesische Branchen zunehmend zur Konkurrenz des Westens wurden. Auch deshalb hatte Trump den Zollkrieg erklärt und chinesische Unternehmen wie TikTok und Huawei in den USA behindert. Der Westen hatte lange zugeschaut, wie das große Reich westliche Technologien aufsaugte, mit den nationalen unschlagbaren

Lohnstückkosten kreuzte und damit die Industrien der Erfinderländer zersetzte. Wenn das nicht funktionierte wurde qua staatlicher Subvention bis hin zur Miet-Entlastung nachgeholfen. Makroökonomisch wurde auch noch der chinesische Yuan (Renminbi) kleingehalten, um den Export durchzusetzen.

Die Systematik wurde zudem durch die neue Seidenstraße bis hin nach Duisburg ergänzt. Da sich China bereits im Jahr 2001 als BRIC mit Russland, Indien und Brasilien zusammengetan hatte und 2010 noch Südafrika hinzukam, war die Hegemonie der USA gebrochen, lange vor dem Finanzcrash. Die Gründung der Entwicklungsbank AIIB im Jahr 2015 besiegelte das Ende der WTO und das Ende der US-Hegemonie, denn unter chinesischer Führung befinden sich auch 14 EU-Staaten wie Deutschland (Gründungsmitglied!), Frankreich, Italien u.a.

Die *Asian Infrastructure Investment Bank* (AIIB) mit Hauptsitz in Peking umfasst 57 Gründungsländer und ist als Gegenposition zur US-dominierten Weltbank anzusehen. Die Volksrepublik, zweitgrößte Wirtschaftsmacht der Welt, ist mit 26 % größter vetoberechtigter Anteilseigner an dem Institut.

Spätestens an diesem Punkt wurde dem Westen klar, dass ökonomisch nicht mehr viel ohne China und Asien geht. Der Top-Ökonom und 71. Finanzminister der USA, Lawrence Summers, kommentierte wie folgt:

> „We're contemplating a major institution in which the United States has no role, that the United States made substantial efforts to stop – and failed."[35]

Summers sah das Ende der US-Hegemonie gekommen. Diese Sichtweise bestätigt auch Abbildung 8.

Die globale Neuvermessung

Mit der Gründung der EU entstand neben der USA ein neuer wirtschaftlich starker Block mit besonderen europäischen Interessen. Nicht zuletzt Trump hat durch seine Attacken auf die EU die unter-

[35] Summers 2017, o.S.

schiedlichen Interessen herausgestellt. Daran ändert auch der aktuelle und zusammenschweißende Ukraine-Konflikt nicht viel. Es sind vor allem die Konflikte im Nahen Osten, in denen die USA oft unabgesprochen eigene Ziele verfolg(t)en. Dabei waren es mal das Interesse am Öl, mal die Machtdemonstration gegen Terroristen und die unterstützenden Staaten wie den Irak, Iran etc. Afghanistan hat den Widersinn dieser Aktionen besonders verdeutlicht.

Es sind in der Folge vor allem die EU, die Türkei und nicht betroffene Staaten im Nahen Osten, die sich mit den Flüchtlingsbewegungen auseinandersetzen müssen. Dabei wird viel an volkswirtschaftlicher Substanz in die Waagschale geworfen. In einem solchen Szenario konnte sich Putins Russland quasi im Windschatten militärisch in Szene setzen und mit Aleppo weitere Horror-Sequenzen liefern. Der Protest hielt sich in Grenzen, insbesondere wegen des gemeinsamen Feindes, der „IS-Staat", der erst durch das von den USA geschaffene Machtvakuum im Irak möglich wurde.

Diese teilweise unübersichtlichen Gemengelagen haben die Globalisierung unterlaufen. Mit den USA, China, Russland und Indien sind drei bis vier Atommächte auf dem Spielfeld, auf dem für Europa nicht mehr viel Platz ist. Allein die NATO muss es für Europa richten, was letztlich auf die USA hinausläuft. Ökonomisch stehen die Blöcke USA, China und die EU in den Startlöchern. Dazu gesellen sich noch das partiell westlich orientierte Japan als drittgrößte globale Volkswirtschaft und Indien mit dem größten Wachstumspotenzial, das sich als BRICS-Mitglied nicht vom Westen vereinnahmen lässt.

Das von Felbermayr analysierte Ende der (Hyper-)Globalisierung ist längst Geschichte. Der Ukraine-Konflikt ploppt in einer anderen Erscheinung auf. Es sind die militärischen Blöcke gefragt. Das Versagen des Westens in der Transformationsphase der UdSSR und danach holt den Eisernen Vorhang wieder aus der Versenkung. Was war das für eine Chance[36], als Russland die Hand nach Hilfen ausstreckte! Und dann blieben am Ende nur kleptomanische Oligarchen plus Putin-Apparat übrig. Die Chancen wurden zwischen den Invasionen Tschetscheniens und Georgiens vertan. In dieser Phase mutierte Putin zum

---

[36] Es bleibt spekulativ, ob Putin sich wirklich gewandelt hat. Die Legitimation durch arrogante und antirussische Haltungen des Westens wurde frei Haus geliefert.

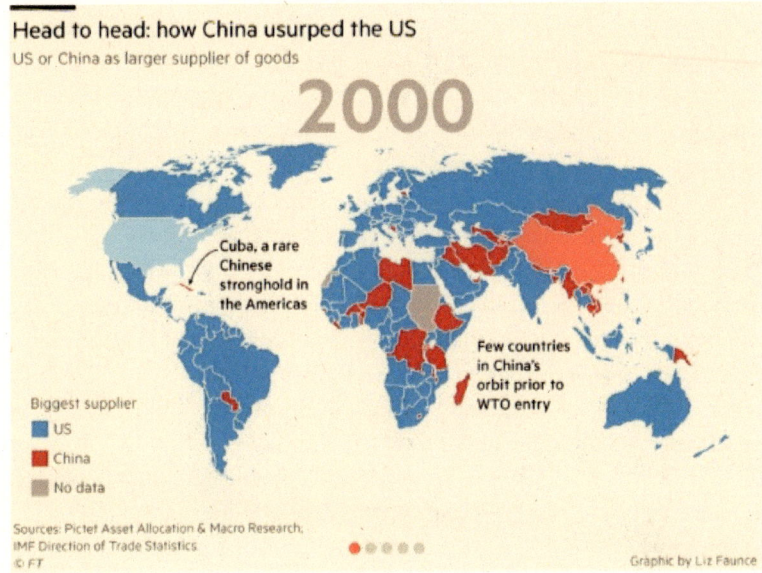

Abbildung 8: Chinas Aufstieg zur Handelsmacht Nummer 1

Anti-Westler und höhlte die demokratischen Rechte aus. Auch das ist ein Ergebnis hegemonialer US-Politik. Die Torheiten wie *Nord Stream 2* von Schröder und auch Merkel beschreiben nur die Naivität, mit Wandel durch Handel das reparieren zu wollen, was vorher irreparabel an die Wand gefahren wurde.

Zu diesen Fragestellungen hätte der Westen mehr auf politische Wissenschaftler hören sollen, denn aus dem Spektrum der (Neo-)Realisten[37] gab es genug Warnungen. Der Politologe Carlo Masala hat im Gegensatz zu Felbermayr die Problematik ökonomischer Instabilität durch Verblockung als Ursache ausgemacht und nicht als Folge.[38] Er interpretiert den aktuellen Globalisierungsrückgang als ein Ergebnis der Verblockung und argumentiert politisch mit ökonomischen Phänomenen wie dem Bedeutungsverfall von IWF/Weltbank und der BRICS-Gründung.[39] Dabei entlarvt Masala auch die Doppelmoral des Westens bezüglich despotischer Staaten; vor allem die sanfte Behandlung von Diktaturen, wenn es um relevante Rohstoffe geht – und da fällt uns auch wieder Russland ein, das ohne große Gegenwehr des Westens die Krim annektieren konnte.[40]

Auch wenn Masala etwas sehr optimistisch einen Weltkrieg ausschließt, so gibt er doch Hinweise auf die Gefahren, die nicht zuletzt mit 25 Millionen ethnischen Russen in den Randstaaten zu tun haben:

> „Denn er (der Nationalismus; T.E.) gibt der russischen Staatsführung den notwendigen innenpolitischen Rückhalt, um gegebenenfalls militärisch in Nachbarstaaten zu intervenieren (Georgien 2008, Ukraine 2014) oder diesen mit militärischen Maßnahmen zu drohen, …"[41]

---

[37] Die Realisten verstehen sich als Gegenpol zu Liberalen im Sinne kantianischer Ideen einer Weltfriedensordnung. Die Realisten setzen auf militärisches Gleichgewicht und Abschreckung.

[38] Felbermayr 2021, o.S.

[39] Masala 2018, S. 65ff.

[40] Vielleicht hatte sich der Westen von Gabriele Krone-Schmalz beraten lassen, die noch heute behauptet, dass es sich um eine Sezession anstatt einer Annexion gehandelt hat und Putin nur die Bevölkerung gegen die ukrainische Regierung schützen musste. Das wäre völkerrechtlich irrelevant.

[41] Masala 2018, ebenda.

Das sind Folgen der Verblockung. Die „heimliche" Unterstützung[42] durch die anderen BRICS-Staaten zur UN-Resolution bezeugt den Riss der Weltordnung, wenn es sie denn je gegeben hat. Auch die andere Militärmacht, China, sieht sich in potenziellen Konflikten mit dem Westen. Es ist einerseits das Nicht-UN-Mitglied Taiwan, das von China als zu ihm gehörig angesehen wird und aktuell noch brisanter das Südchinesische Meer. Dort schwelt der Konflikt um die Wirtschaftszonen, die China in den 1940er Jahren selbst gezeichnet hat und durch einen mit einer China-Fahne bestückten Archipel-Felsen legitimieren will.

> „Nirgendwo auf der Welt konzentriert sich so viel militärische Feuerkraft: Chinesische Kriegsschiffe, amerikanische Flugzeugträger, philippinische Zerstörer, vietnamesische Fregatten, ungezählte Kampfjets – dazu hunderte Fischerboote, die sich ihr Recht auf einen guten Fang ertrotzen wollen."[43]

Es geht auch hier um Rohstoffe wie Öl und Gas im Meer, um Fischgründe und auch um die Verbindung zwischen den Ozeanen. Ein Drittel des Welthandels passiert diese Region.

Es muss ein Autonomie-Index entwickelt werden

Die USA sind nicht mehr Hegemon, sondern nur noch Teil-Hegemon auf Bewährung. Bei einer Widerwahl Trumps wäre es womöglich zum totalen Bruch mit Europa gekommen. Das entspricht auch dem Wunschdenken von Russland und China, und wahrscheinlich dem aller BRICS-Staaten. Russlands Verstrickungen in die US-Wahlkämpfe und auch in die Brexit-Kampagnen sind nicht frei erfunden.[44] Die USA sind zwar ein reiches Land, aber hoch verschuldet und bezogen auf Ressourcen nicht vollständig autonom. Für die USA als Import-Land könnte ein Paradigmenwechsel nicht nur den Binnenmarkt stärken, sondern auch die Export-Industrie. Dazu müsste der

---

[42] Indien und China gehen nicht so weit, die Aggression offen gutzuheißen. Sie stützen Russland durch Steigerung der Öl- und Kohle-Abnahmen.
[43] Senzel/Wurzel 2020, o.S.
[44] Nytimes 2017, o.S.; Nytimes 2016, o.S.

USD abgewertet werden und die damit noch höheren Auslandsschulden geschultert werden. Das wäre der Preis für die letzten Jahrzehnte
als Globalisierungs-Profiteur.

Für Europa sieht die Lage nicht besser aus, besonders für Deutschland. Die Vorzeichen sind hier umgekehrt, denn Deutschland war lange
Exportweltmeister und rangiert immer noch auf Platz 3 der stärksten
Exporteure. Deshalb hat es großen Bedarf an Ressourcen und ausländischen Märkten. Die Rohstoffabhängigkeit gegenüber Russland und
die Marktabhängigkeit gegenüber China beschreibt das vermeintliche
Dilemma und eine Teillösung. Die Exporte nach China müssen reduziert werden. Es sollte – wie im Stabilitätsgesetz von 1967 festgelegt –
das Außenhandelsgleichgewicht hergestellt werden. Ein Handel mit
autokratischen Staaten sollte nur in gegenseitiger Abhängigkeit erfolgen, ähnlich einer militärischen Abschreckung, wenn es keine Substitutionsoptionen gibt. Dazu sollte ein Bewertungssystem installiert
werden, das in Form eines Index die Bandbreite des bilateralen Handels mit solchen Staaten hinterlegt. Dazu können auch die üblichen
Indizes wie zur Demokratie, Korruption, GINI etc. mit einfließen.
Der „Ease of Doing Business Index" (Weltbank) ist – Gott sei Dank –
Geschichte.[45]

Das wäre auch ein Besinnen auf die nationale bzw. europäische
Wirtschaftskraft und würde ein Zurückfahren der Macht multinationaler Konzerne incl. Finanzindustrie bedeuten. In der aktuellen Welt
tanzen diese Unternehmen den Staaten auf der Nase herum. Die Inter-
netkonzerne beherrschen die digitale Infrastruktur und Information.
Die Finanzkonzerne streuen das Kapital ungeachtet politischer Risiken
in die optimale Verwertung. Und die Konten aus Gewinnübertragungen[46] finden wir auf den steuervermeidenden karibischen Inseln, Panama, Malta, Zypern ... und im US-Bundesstaat Delaware.

---

[45] Weltbank 2021, o.S; dieser Index sollte herausstellen, wo die Bedingungen
für Unternehmensgründungen am besten sind. Der letzte Index mit nachvoll-
ziehbaren Werten ist von 2017. Prüfungen haben ergeben, dass die Zahlen nach
2017 manipuliert wurden. Ganz vorn dabei: China und Russland. Der Index
wurde von der Weltbank eingestellt.

[46] Die Gewinnübertragungen sind in der Zahlungsbilanz Primäreinkommen.
Der erzielte Gewinn (nach Steuer) wird in das Land mit dem Firmensitz über-
wiesen. Im Fall der karibischen Inseln werden in der Regel Lizenz-Rechnungen

Bei drohendem Zahlungsausfall sollen IWF und Steuerzahler, also immer Steuerzahler, für den Schaden aufkommen. Die wirtschaftlichen Folgen des Ukraine-Kriegs tragen ebenfalls die Steuerzahler. Billiges Gas und Öl werden nun aber der Vergangenheit angehören und Europäer müssen sich temporär auf weniger Wohlstand einstellen. Angesichts der ukrainischen Leiden ist das nicht viel.

Zum Abschluss kommt noch einmal Felbermayr zu Wort:

> „Wir müssen den Märkten misstrauen." Relativierender Nachsatz: „Aber wir müssen auch den Bürokratien und den staatlichen Organisationen misstrauen."[47]

Das kann fast so stehenbleiben. Felbermayr sollte aber den politischen Horizont vergrößern. Die Globalisierungs-Dividende ging größtenteils in die Taschen der Unternehmen, aber auch in die Taschen der Konsumenten. Der Preis ist wachsender Autonomieverlust. Jetzt wird monetär abgerechnet. Felbermayr kritisierte im österreichischen *Kurier* nicht nur die Bereicherung einiger weniger: „Hier haben wenige Leute aus Energiewirtschaft und Politik in Deutschland die falsche Entscheidung getroffen, sich derart von Russland abhängig zu machen".[48]

Die Globalisierung hat die Richtung verändert

Anders beurteilt die amerikanische Finanzministerin *Yellen* die Globalisierung:

> „Diese Verbindung hat den USA und vielen anderen Ländern auf der Welt Gewinne gebracht."[49]

Und das ist genau das Problem der aktuellen (Un-)Ordnung: Die USA wollen die Fehler der letzten Jahrzehnte im Umgang mit Schwellen- und Entwicklungsländern und der eigenen Bevölkerung nicht eingestehen. Dass der Handel auf Augenhöhe funktioniert und Vorteile für

---

erstellt oder Fake-Dienstleistungen berechnet, um die Gewinne in eine Steueroase zu übertragen (verschieben).

[47] Die Presse 2022, o.S.
[48] Felbermayr 2022, o.S.
[49] Zitiert nach Felbermayr 2022, o.S.

alle Beteiligten bringt, zeigt ein Rückblick auf die Zeit vor der Hyper-Globalisierung, in der die Industriestaaten untereinander gehandelt haben und produktionstechnische Größenvorteile einsetzen konnten. Diese Economies of Scale wurden durch Verlegung in „Billig-Länder" ersetzt, weil noch mehr „verdient" werden konnte. Immer mehr Unternehmen bzw. Produktionen wanderten nach Asien und Latein-Amerika ab. Frau *Yellen* sollte sich nach dem Preis für den Abgang US-amerikanischer Unternehmen aus den Fly-Over-States erkundigen. Die zurückgelassenen Arbeitnehmer bilden heute das Rückgrat für die radikalisierten Trump-Fans.

Ist es das wert gewesen, eine gespaltene Gesellschaft auf dem Boden der Globalisierung entstehen zu lassen? Dieser Schaden wird Generationen beschäftigen. Das ist die Dividende der USA. Abbildung 9 zeigt einen aus Sicht der USA desaströsen Vergleich mit den anderen starken Handelsnationen.

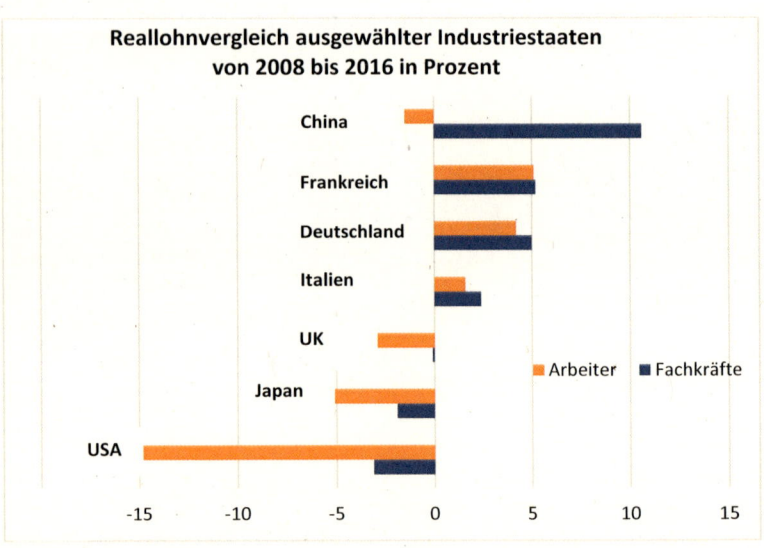

Abbildung 9: Reallohnvergleich Industriestaaten von 2008 bis 2016 in Prozent

Daten: Korn Ferry. ©te

Auch die Direktinvestitionen sind folgerichtig mehr und mehr in die USA gegangen, während in der Zeit vor der Hyper-Globalisierung die USA noch das Land mit den größten Initiativen im Ausland waren. Es lässt sich ein schleichender Ausverkauf US-amerikanischer Unternehmen feststellen.

Neben klassischen Auslandsinvestitionen[50] (FDI: Foreign Direct Investment) kommt es immer mehr zum Aufkauf und zu nennenswerten Beteiligungen an US-Firmen durch chinesische Konzerne wie *Wanda, HNA* etc. Zwischen Januar 2005 und Juni 2018 flossen über 170 Mrd. USD[51] chinesischer Sparvermögen und Währungsreserven in Unternehmen, Immobilien etc. der USA. Zwischen 2014 und 2017 kaufte China in den USA Unternehmen für ca. 120 Mrd. USD ein. Erst im Jahr 2016, nach der Wahl Trumps, hat sich das Investitionsklima für China erheblich verschlechtert.

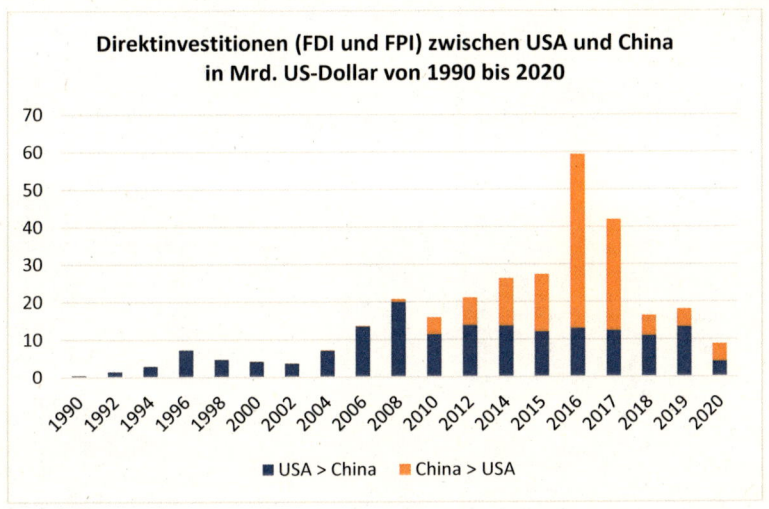

Abbildung 10: Direktinvestitionen USA – China 1990 bis 2020

Daten: The China-USA Investment-Hub. ©te

[50] Darunter sind materiell neue Investitionen wie Fabriken zu verstehen. Auf der grünen Wiese sind dies „Greenfield-Investments" wie bei TESLA in Brandenburg. Bei „Brownfield" werden Brachen bzw. leere Gebäude genutzt.

[51] Finanzen.net 2019, o.S.

Der Austausch befindet sich insgesamt auf dem Niveau von 1996 und ist damit ein sicheres Symptom für eine Deglobalisierung. Dazu hat es nicht der Ukraine bedurft. Dieser Konflikt ist zwar nicht von den tektonischen Verschiebungen der letzten Jahrzehnte zu trennen, ist aber gleichsam auch ein Relikt des „Kalten Krieges". Schon die Misere der Gaslieferungen macht deutlich, dass nichts voneinander unabhängig beurteilt werden kann: China kauft seit Ende 2021 über einen langfristigen Vertrag[52] LNG-Gas in den USA ein und verkauft einen Teil davon mit Aufschlag an Europa, das am Tropf der russischen Gasleitungen hängt.[53] Es ist das China, das die USA so vehement bekämpft. Wo ist die Trennlinie der Blöcke? Die USA könnten Gas in Zukunft nach Europa verschiffen und China könnte das Gas bei „Putin" kaufen. So wäre zumindest den Block-Interessen Genüge getan. Alles wird vermutlich aufgrund der Distanzen und fehlender Pipelines noch viel teurer. Es ist ein Reset oder „gehen Sie zurück auf Los" in das Jahr 1989.

---

[52] WirtschaftsWoche 2021, o.S.
[53] TableMedia 2022, o.S.

4. Globale Inflation schon vor dem Ukraine-Krieg

Eine Folge des Ukraine-Kriegs ist neben den geopolitischen Verwerfungen auch der weitere Anstieg der Rohstoffpreise, was zum Teil am Embargo der sanktionierenden Staaten liegt, zum anderen aber auch an Verknappungen Russlands in der Gegenreaktion. Das betrifft nicht nur energetische Rohstoffe, sondern auch Getreide und Speiseöle. Die Inflation, wie wir sie heute sehen, ist allerdings ein Zusammenwirken mehrerer Komponenten, die überwiegend nicht dem Ukraine-Krieg geschuldet sind. Dazu weiter unten mehr.

Säkulare Inflation

Um die Begrifflichkeit der „Inflation" etwas besser einzugrenzen, unterscheiden wir zwischen dem Schreckgespenst der „Inflation", wie es sich gerade ausbreitet – und die Notenbanken an den Rand ihrer Möglichkeiten bringt – und der uns permanent begleitenden *„säkularen"* Inflation.

Technischer Fortschritt steht für Deflation

Die ökonomische Grundtendenz ist eigentlich Deflation, weil mit jeder Verfahrensverbesserung und effizienteren Abwicklung das Produkt billiger werden sollte. Allerdings verändern sich in diesem Zuge auch die Produkte durch Differenzierung (z.B. Automobile mit grandioser Serienausstattung). Dadurch wird der Eindruck erweckt, die Entwicklung sei inflationär, was real fasch ist. Auch höhere Kundenansprüche wirken preistreibend. Eine nicht unbedeutende Rolle kommt den Kosten für Informationen (Data/Big Data) zu, denn das Marketing incl. Daten-Management beansprucht zunehmend mehr Arbeitsplätze, deren Kosten in das Produkt fließen. Die Verbesserungen auf der Produktionsseite verschaffen Platz für kostspielige Vermarktungen auf der anderen Seite. Es gewinnt meist der mit der besseren Präsentation und dem besseren Kundenzugang. Im modernen Marketing-Jargon ist das Mikro-Targeting der Heilsbringer für mehr Marktanteile. Die Zunahme dieser Ausgaben ist ein Teil der säkularen Inflation. Aber selbst die säkulare Inflation wird unterschiedlich interpretiert. Als Common Sense unter Ökonomen gelten folgende Merkmale:

- geringes Wachstum von Investitionen und Demografie,

- kontinuierlicher relativer Ausbau des Dienstleistungssektors aufgrund gestiegener Produktivität der Industrie und neuer Anforderungen an Informationen,

- Ausbleiben erratischer Konjunkturverläufe.

Die regelmäßigen Lohnerhöhungen auch aufgrund der moderat gestiegenen Preise (Henne-Ei-Phänomen) sind ein Indiz für säkulare (moderate) Inflation: Die Volkswirtschaften sind daran gewöhnt. Damit einher geht das Ziel der Notenbanken wie EZB und FED, eine 2-prozentige Inflation anzupeilen. Deflation möchten diese Institutionen vermeiden, damit die Unternehmen die Angebote/Produktionen nicht beschränken, was bei Preissenkungen (Deflation) nach dem Gesetz von Angebot und Nachfrage passieren könnte. Daher gilt die Vermeidung von Deflation als vorrangig gegenüber der Verhinderung von Inflation. Dass hier Grenzen gelten, zeigt die aktuelle Zinsanhebungspolitik der FED in den USA. Das Leihen von Geld wird so verteuert, dass damit genau diese Komponente – die Geldaufblähung – in der Preissteigerungsspirale genommen wird. Darauf wird weiter unten intensiver eingegangen.

Inflation der Vermögenswerte

„Billiges" Geld verleitet zu Käufen und Bietergefechten (Immobilien, Aktien, Übernahme von Unternehmen) und überschwemmt die Märkte mit Geld. Damit sind nicht Ausgaben für existenzielle Güter und Leistungen gemeint, sondern für verzichtbare Güter/Leistungen wie teure Kraftfahrzeuge, neues Mobiliar und Urlaubsreisen auf Pump. Denn je mehr qua Schulden gekauft (nachgefragt) wird, desto höher steigen die Preise. Es ist wichtig zu akzeptieren, dass Schulden nicht das Gegenstück zum Sparen sind, sondern dass Geld-Kredite von Banken/Notenbanken geschöpft werden können. Geschäftsbanken im Euro-System besorgen sich bei der Notenbank die Kontogelder und müssen lediglich eine Mindestreserve von 1 % bei der Zentralbank hinterlegen. 99 % sind „neues" latent inflationstreibendes Geld im Kreislauf. Inflation entsteht, wenn das neue Geld nicht auf entsprechende Produktionssteigerung trifft. Mit anderen Worten: Kreditschöpfung ohne Wachstum schafft Inflation, die nicht mehr als säkular bezeichnet werden kann.

Wohnkosten durch Nullzins-Politik

Die Notenbanken haben mit der Nullzins-Politik die Inflation von Vermögenswerten beschleunigt und damit eine starke indirekte Inflation der Wohnkosten entfacht. Diesen Umstand hat auch das Bundesverfassungsgericht gegenüber der EZB als negativ angemerkt.[54] Schon damit wird der Wohlstand gemindert, denn die Ausgaben für Schuldentilgung und Zinsen[55] bei Wohneigentum oder eben höhere Mieten bedeutet im Umkehrschluss weniger Budget für das tägliche Leben. Das gilt schlechterdings grundsätzlich für Inflation, die damit in logischer Abfolge auf weniger Konsum hinausläuft. Hier bildet sich der Zielkonflikt aus „billigem Geld" für den Konsum und „tolerierter Inflation" gegen den Konsum. Die EZB kann sich aktuell nicht für scharfe Maßnahmen gegen die Inflation entscheiden, weil ein hoher Zins den Euro-Raum belasten würde. Sie kann zwischen Staatsschuldenkrise und Wachstumsbremse wählen, denn mit der Inflation erodiert das Haushaltsbudget.

---

[54] Bundesverfassungsgericht 2020, o.S.

[55] Die Nullzins-Politik verteuert die Immobilien bei günstigen Finanzierungsoptionen. Die Effekte können sich neutralisieren, aber beim Steigen der Zinsen – wie aktuell – gehen die Immobilienpreise nicht entsprechend zurück. Während der Niedrigzinsphase sind die Banken zu einem höheren Tilgungssatz übergegangen. Das wird gerade korrigiert, um die Belastungen zu begrenzen. (Zimmermann 2022, o.S.)

Die EZB hatte sich lange Zeit für „billiges Geld" entschieden, weil die Inflation scheinbar nicht beeinträchtigt wurde. Die Wohnkosten wurden ausgeblendet. Inflation, ob über stetig feste Ausgaben wie bei Miete oder über Konsumgüter, bedeutet Kaufkraftverlust. Wenn die Inflation deutlich über dem Zins liegt, wird auch Vermögen entwertet. Das betrifft ebenfalls die Altersvorsorge, so dass im Alter weniger Geld zur Verfügung steht. Die Hinnahme einer signifikanten Inflation ist somit auch gegen die zahlungsfähige Nachfrage der Haushalte gerichtet. Nicht von ungefähr streiten die Gewerkschaften des Öfteren um einen Inflationsausgleich. Eine Preis-Lohn-Spirale ist die Folge.

Bei steigenden Energiekosten wurde das Nichtstun mit dem Hinweis auf eine moderate „Kern-Inflation" (Argument der FED), also unter Ausgrenzung der saisonal und politisch schwankenden Energie- und Nahrungsmittelkosten, begründet.

Die EZB hat sich die Lage stets so zurechtargumentiert, dass sie die Zinsen niedrig halten und die lockere Geldpolitik gegenüber den verschuldeten Süd-Staaten legitimieren konnte. Abbildung 11 beweist, dass in den letzten Jahren seit der Pandemie sowohl Dividenden als auch der Dax-Gesamtwert pendeln. Die Dividenden im Jahr 2022 reflektieren den Erfolg des Vorjahres, während die Dax-Werte den (negativen) Augenblick wiedergeben.

Die Kurve der Wohnkosten bleibt auf Kurs. *Engel&Völkers* stellen fest, dass auch für 2021 die Preise für Eigentumswohnungen um 12,8% zum Vorjahr gestiegen sind.[56] Eine Umkehr ist auch für 2022 nicht sichtbar.[57] Es sind immer noch so viel „überschüssiges" Sparvermögen und Kredit-Liquidität im Umlauf, dass die Preise hoch bleiben. Die EZB hat daran großen Anteil. Wer legt sein Geldvermögen in Festgeldkonten an zu null Prozent Zinsen bei 7 Prozent Inflation (Abbildung 11)?

---

[56] Engel&Völkers 2022, o.S.
[57] Immoheld 2022, o.S.

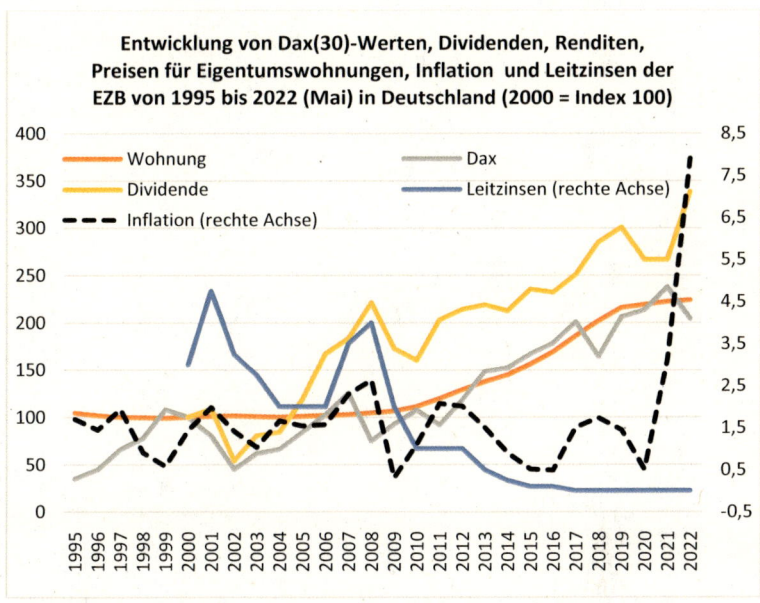

Abbildung 11: Entwicklung von Dax(30)-Werten, Dividenden, Renditen, Preisen für Eigentumswohnungen, Inflation und Leitzinsen

Daten: Statista (2022c, d und e); Engel&Völkers (2021) ©te

Der in Abbildung 12 dargestellte Warenkorb zur Messung der Inflation ist zu über 25 % mit Wohnkosten belastet. Bei Hinzunahme von Einrichtungsgütern liegt der Wert über 32 % im Jahr 2021. In manchen urbanen Regionen zahlen Mieter auch schon mehr als 40 % ihres Nettoeinkommens für das Wohnen ohne Nebenkosten.[58] Im Jahr 1991 lag der Wert noch unter 20 %.

---

[58] Blickle et al. 2019, o.S.

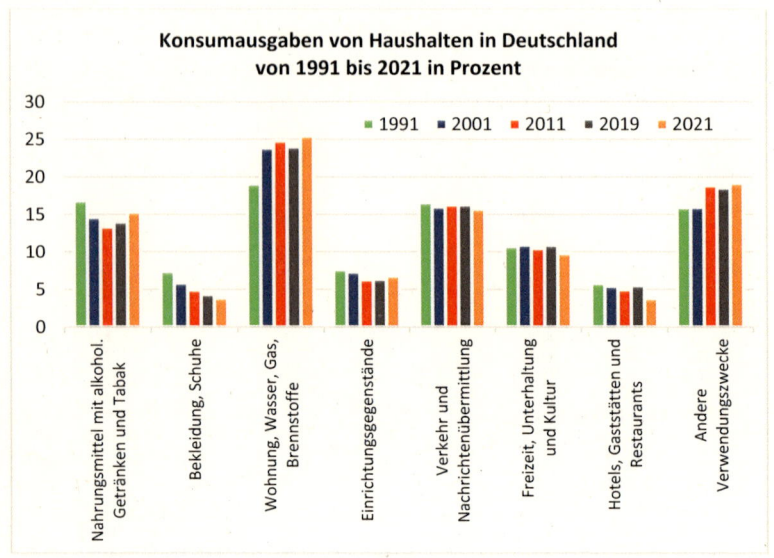

Abbildung 12: Konsumausgaben von Haushalten in Deutschland von 1991 bis 2021 in Prozent

Daten: Destatis. ©te

EZB alimentiert Südeuropa

Die Angst vor einem „italienischen Staats-Kollaps" war stets größer als die Sorge[59] um die Stabilität des Euro. Nachdem Zinsanhebungen unausweichlich waren, um die Inflation zu bändigen, und das Aufkaufen von Staatsanleihen beendet werden sollte, standen die „Aasgeier" schon parat. Die Renditen für italienische Staatsanleihen schossen in die Höhe: von 0,56 % auf 4,1 % seit August 2021. Die Lösung: Die EZB kauft nicht mehr alle EU-Anleihen, sondern nur noch die der stark verschuldeten Staaten – eine Notfall-Lösung.[60] Das hätte sie schon längst tun können, um die Geldmenge nicht so ungezügelt zu vermehren. Jetzt beklagen natürlich einige Experten den Wohlstands-

---

[59] Die Konsequenzen wären dann ziemlich sicher der Zerfall des Euro-Systems und damit auch eine Zerreißprobe für die EU.

[60] Blechner 2022, o.S.

transfer von Nord nach Süd. Aber so ist es nun einmal in einer Gemeinschaft, die auf Solidarität baut. Allerdings muss Italien sich gefallen lassen, bestimmte Auflagen der Schuldenminimierung zu erfüllen. Die Lage dafür ist so schlecht nicht, da Italien ein BIP-Wachstum von 6,6 % aufweist, allerdings von über minus 9 % kommend.

Die Effekte der Covid-19-Lockdowns

Die aktuelle Preisentwicklung ohne Einbeziehung der Ukraine-Krise basiert besonders auf den Covid-19-Lockdowns, die bezogen auf China immer noch anhalten. Die Lockdowns haben nicht nur viele Arbeitsplätze in den Dienstleistungsbranchen vernichtet, sondern auch den Tourismus (minus 75 % Fluggäste)[61] auf fast null gesetzt, was sowohl den Bedarf an entsprechenden Fortbewegungsmitteln als auch an Energie (Öl/Gas) drastisch reduzierte. Der Ölpreis rutschte teilweise unter null, weil große Tanker auf den Weltmeeren ohne Zielhäfen herumirrten.

China hatte die Gunst der Stunde genutzt und dieses „Gratis"-Öl abgenommen: ein Riesenverlust für die Rohöl-Branche. Die allgemeine Drosselung der Ölförderung auf diesen Nachfrageschock war die eine logische Folge, die Umschichtung der Mikrochip-Hersteller auf Nachfrage aus dem Computer-Infrastruktur-Bereich die andere. Mit der Auflösung der Lockdowns wurde die Nachfrage normalisiert bzw. es entstanden Nachholeffekte, die auf eine reduzierte Produktion stießen.

Die OPEC-Staaten hatten mit den Lockdowns einen Förder-Cut beschlossen, der auch beim Anziehen der Nachfrage nicht gelockert wurde, um den Ölpreis hochzutreiben.[62] Die Probleme der Wertschöpfungsketten-Störung durch Chip-Mangel im Kfz-Bau führten zur Unterversorgung. Ein markantes Beispiel sind Mietwagen in den Tourismus-Regionen, die aktuell – über ein Jahr nach dem Lösen des Pfropfens – das Mehrfache kosten gegenüber der Vor-Corona-Periode. Es wurden zu wenig Kfzs geliefert aufgrund des Mikrochip-Mangels.

Die Kehrseite: Der Bedarf an elektronischen Geräten wie Computern, Smart-TVs, Spiele-Konsolen wuchs während der Pandemie

---

[61] Statistisches Bundesamt 2021, o.S.
[62] Hosp 2021, o.S.

enorm. Besonders China profitierte davon, was den Energieeinsatz hochschnellen ließ. Es mussten gar stillgelegte – weil unrentable – Kohlekraftwerke reaktiviert werden, um die Nachfrage befriedigen zu können. Die Fakten aus dem Frühjahr 2020 sind schwindelerregend[63]:

- *Microsoft* stellte 75 % mehr Nutzungsminuten auf Windows-Geräten fest gegenüber dem Vorjahr.

- Der weltweit größte Knotenpunkt *DE-CIX* (*Internet-Service-Provider*) in Frankfurt erreichte 9,1 Terabit Datendurchsatz pro Sekunde: der absolut höchste je gemessene Rekordwert.

- *Netflix* steigerte die Abo-Zahlen um fast 16 Mio., eine Steigerung von 10,8 % gegenüber dem Quartal davor.[64]

- *Ebay* verzeichnete 200 Mio. Visits auf Kleinanzeigen in der letzten Aprilwoche: Rekord in der Geschichte des Unternehmens.

- *Zoom* konnte mit 300 Mio. Teilnehmern im April 2020 eine Steigerung von 2.900 % in 4 Monaten erzielen.

- *Amazon*: Plus 26 % mehr Umsatz im ersten Quartal bei deutlich mehr Kosten für Hygiene-Prävention im Logistik-Bereich.

- Das Cloud-Geschäft des Konzerns (*AWS*) hatte dieses Problem nicht: ca. 30 % mehr Umsatz und 40 % mehr Profit.

Die Produzenten von Öl und Mikrochips haben es aktuell auch nicht besonders eilig, diese Lücke zu schließen. Das Preisniveau bleibt hoch. Es kann unter Umständen noch steigen, solange die Nachfrage nicht nachlässt. Sollte das passieren, werden wir uns mit der nächsten einschneidenden Rezession auseinandersetzen müssen. Und die wird zudem von den Notenbanken unfreiwillig befeuert, weil nun auch das „(Leih-)Geld" verteuert wird. Am Ende wird der Außenhandel insgesamt schrumpfen und davon wären besonders die Menschen mit geringen Einkommen betroffen, sowohl global (besonders Subsahara) als lokal/national. Die Menschen, die in den Industrie-Metropolen bereits „gentrifiziert" wurden, stehen auf der Seite der großen Verlierer auch in dieser Krise. Deglobalisierung verteuert das Leben und verringert die Abhängigkeiten im Außenhandel.

---

[63] Wille 2020, o.S.
[64] Statista 2022a, o.S.

Die in den Covid-Lockdowns verschwundenen Arbeitsplätze wurden nach dieser Phase nicht komplett neu besetzt. Viele der betroffenen Mitarbeiter zog es nicht in die alten, weniger gut bezahlten Jobs zurück. Sie suchten sich nach dem Wiederaufflammen der gewöhnlichen Nachfrage mit Aufholeffekten andere, besser vergütete Anstellungen.

Das hat einen zusätzlichen Lohndruck[65] entfacht, der die Inflation ebenso treibt wie die Störung der Wertschöpfungsketten und das Ansteigen der Rohstoffpreise. Selbst der linksliberale Paul Krugman hielt die Inflationsgefahr für gering und musste sich korrigieren. Am Ende gilt dann doch der bekannte Tucholsky-Spruch: „Das Volk versteht das meiste falsch, aber es fühlt das meistens richtig.“[66] Auch ohne Statistik ist die Inflation deutlich spürbar.

Ölpreis und Inflation

In Abbildung 13 wird gezeigt, dass die Ölpreisentwicklung schon immer dann einen großen Einfluss auf die Inflation hatte, wenn es zu Kriegssituationen in ölreichen Regionen kam. Die USA hatten in den 1960er Jahren die eigene Ölproduktion zurückgefahren. Davor hatten die USA die Welt mit ca. 60% des Bedarfs versorgt. Nachdem die Staaten im Nahen Osten deutlich günstiger Öl fördern konnten, verlegten sich die USA auf den Import.

Erst mit dem Fracking in den 2010er Jahren wurde ein anderes Kapitel aufgeschlagen, was dann auch zu einem Preisverfall um das Jahr 2015 herum führte. Bis zum 2. Irak-Krieg ließen abrupte Ölpreissteigerungen die Inflation ruckartig ansteigen. Die Reaktionen waren viel sensibler als in den Jahren nach der Finanzkrise, wo der Verlauf als fast synchron erscheint. Die globalen Wachstumsraten sind seit

---

[65] Die Branchen mit höherem Lohndruck (z.B. Speditionen) geben die Kosten an andere Branchen im BtoB weiter. So entwickeln sich auch Spiralen in den Wertschöpfungsketten. Weiteres Argument sind die ausscheidenden Baby-Boomer, also ein demografischer Effekt, der während der Pandemie zu vielen Vorruhestandsregelungen führte.
[66] Kennedy 2021, o.S.

der Finanzkrise deutlich geschrumpft, so dass die Wirkung entsprechend geringer ausfällt.

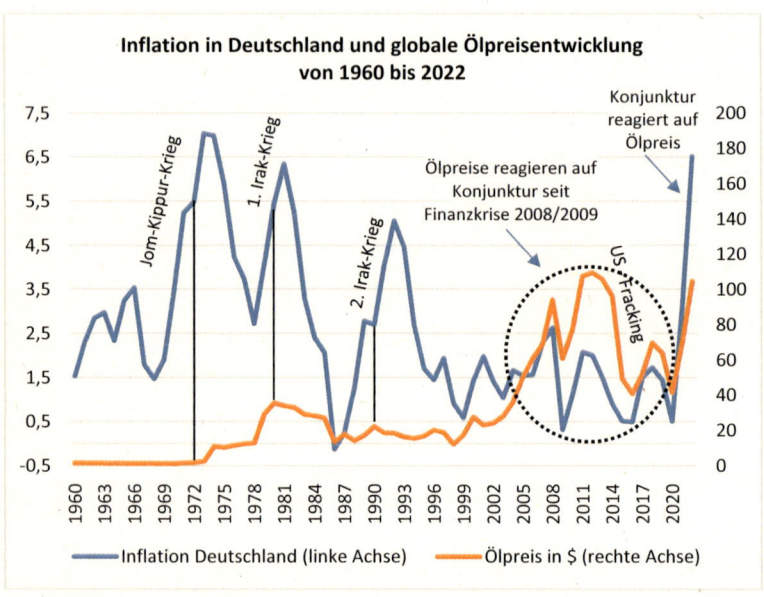

Abbildung 13: Entwicklungen der Inflation in Deutschland und des globalen Ölpreises bis 2022

Daten: Statista, Weltbank und OECD. ©te

Die Ukraine-Invasion ist nur Beschleuniger

Die Deglobalisierung hatte bereits vor dem Ukraine-Krieg begonnen. Der Verlust nationaler Arbeitsplätze durch den Weggang von Unternehmen ins Ausland (Foreign Direct Investments FDI) oder schlichtweg das Nieder-Konkurrieren nationaler Branchen durch günstigeren Import ist kein neues Phänomen. Eine Kombination der beiden Faktoren ist die Verpflanzung eines Teils der eigenen Industrie in ein Schwellenland, das dann vergünstigt in das Ursprungsland liefert und damit den Rest der heimischen Branche liquidiert. Das löst durch den Verlust der Arbeitsplätze einen Wegfall zahlungsfähiger Nachfrage aus. Wächst eine Ökonomie ausreichend und es entstehen neue Branchen, ist der Rückgang an Arbeitsplätzen der betroffenen Branchen kompensierbar.

Es gelingt aber zunehmend weniger, die Folgen für die nationalen Ökonomien aufzufangen. Das ist die soziale Komponente der durchschnittlichen Globalisierungsgewinne.[67] Es entstehen jenseits des Durchschnitts viele Verlierer. Das sind bspw. die ehemaligen Facharbeiter des US-amerikanischen Rust-Belts, des deutschen „Ruhrpotts" oder des deutschen Schiffbaus. Stattdessen bilden sich viele neue Jobs im Dienstleistungsbereich zu deutlich geringeren Entgelten.

Festzuhalten bleibt, dass die Globalisierung makroökonomisch für die Industrienationen einen wachsenden Wohlstand hervorgebracht hat. Beispiel: Notebooks mit inzwischen deutlich besserer Leistung[68] kosten im Vergleich einen Bruchteil dessen, was man noch in den 2000er Jahren dafür zahlen musste. Hinzu kommt die nominell deutliche Einkommensverbesserung während dieser Frist. Wir leisten uns Urlaube und Flugreisen, die vor 30 Jahren nicht vorstellbar gewesen wären bzw. nur der Upperclass zugänglich waren.

Der Wohlstandszuwachs ist mit der Pandemie nicht nur ins Stocken geraten, sondern es dreht sich geradezu. Wir verlieren mindestens einen Teil des Benefits der Globalisierung.

Nun könnte man meinen, dass es auf der anderen Seite auch Gewinner geben müsste. Das ist zum Teil richtig. Es sind die Staaten und Unternehmen, die für die Preisexplosion der Rohstoffe verantwortlich sind. Bei genauer Betrachtung sind die Zusammenhänge aber nicht so eindeutig, denn schon vor der Covid-Pandemie gab es deutliche Anzeichen für eine wohlstandsmindernde Entwicklung.

Die FED hat in ihrer Inflationsbetrachtung einen anderen Ansatz als die EZB. Die FED rechnet die Preise für Lebensmittel und Energie

---

[67] Viele Gewinner mit hohem Wohlstandsgewinn und genauso viele Verlierer mit hohem Verlust an Lebensstandard, der aber geringer ausfällt als die Gewinne, ergeben per Saldo einen durchschnittlichen Gewinn. Die Verteilung ist ungleicher als zuvor.

[68] Eine Komponente des Preisverfalls ist der deflatorischen Grundtendenz des Technischen Fortschritts geschuldet. Die Tatsache, dass China mit US-amerikanischen und taiwanesischen Chips zum Hauptlieferant von Notebooks aufgestiegen ist, zeigt den gegenseitigen Nutzen internationalen Handels. China erhält Arbeitsplätze und die Importeure/Konsumenten zahlen deutlich weniger gegenüber heimischer Produktion.

aus der Gesamtinflation heraus und bestimmt damit die Kerninflation. Steigt diese wie die orange Fläche in Abbildung 14, sind Maßnahmen zur Eindämmung erforderlich. Diese Güter/Leistungen sind der eigentliche Markt der relevanten produzierenden Industrien und Dienstleistungsbranchen. Diese würden geschwächt, wenn die Kosten für Energie und Lebensmittel die Haushalt-Budgets überbelasten. Der Vorteil der FED: Sie muss nicht auf verschuldete Unionsstaaten Rücksicht nehmen. Der Euro-Raum ist im strukturellen Nachteil.

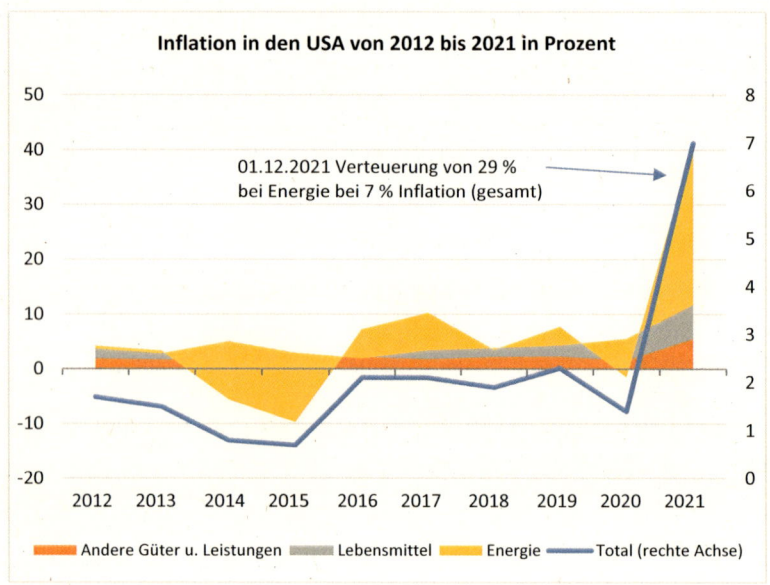

Abbildung 14: Entwicklungen der Inflations-Komponenten in den USA von 2012 bis 2021

Daten: US-Bureau of Labor Statistics (2021); Consumer Price Index, selected categories. ©te

Die Abbildung 14 zeigt die Wirkung der Energiekosten auf die Gesamtinflation. Zudem ist erkennbar, dass die Covid-Pandemie einen speziellen „Brandbeschleuniger-Effekt" hervorgebracht hat. Der Ukraine-Krieg hat hier keine Bedeutung, allenfalls sind in 2021 Befürchtungen eingepreist. Die nächste Grafik illustriert den Ukraine-Effekt.

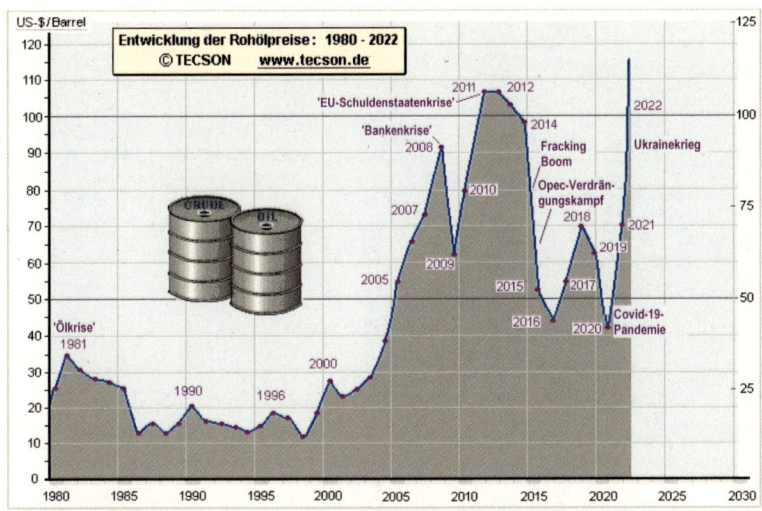

Abbildung 15: Ölpreis-Entwicklung vor und nach der Ukraine-Invasion 2022

Quelle: TECSON

Rohöl/Gas und Lebensmittel sind existenziell

Die Preise für Rohöl und Lebensmittel sind auch für die Beurteilung der Inflation nicht unerheblich. Es geht nicht um saisonale Schwankungen aufgrund von schlechtem Wetter und lokalen Kriegs-Konflikten. Die aktuelle Inflation ist nachhaltig und das ist schon mindestens seit Mitte 2021 absehbar. Die EZB hatte sich noch andere Erkenntnisse hinmodelliert, was an der Kompetenz dieser eigentlich ökonomischen Regierung der EU zweifeln lässt.

Die FED hatte schon längst Gegenmaßnahmen in der Pipeline. Nun hat neben der Britischen Notenbank (BoE) auch noch die zurückhaltende SNB (Schweizer Notenbank) den Leitzins kräftig erhöht und damit den Euro restlos ins Abseits gestellt. Der Euro notierte am 01. Juli unter 1,05 USD und hat damit in einem Jahr 12 % gegenüber dem USD eingebüßt. Auch das treibt die Inflation in der Euro-Zone nach oben. Wir importieren Rohstoffe, die in USD gezahlt werden, entsprechend teurer. Das gilt natürlich auch bedingt für andere Importe außerhalb der EU.

Rohstoffe sind Input für Wertschöpfungsketten und Massenkonsum

Energie und metallische Rohstoffe sind Inputs für Lebensmittel und Kunststoffe. Eine Inflation dieser Komponenten ist niemals zu vernachlässigen. Sie gehen mit ihren Kosten direkt in die Preise der Endprodukte ein. *Daimler Truck* konnte deutliche Preiserhöhungen durchsetzen, weil die Abnehmer froh um jede Lieferung sind. Ähnlich ist es im Baugewerbe. Die Inflation hat alle Bereiche erreicht. Und das ist ein Ergebnis der Deglobalisierung, des Covid-19-Schocks und nunmehr auch der Ukraine-Invasion. Was sich davon in welcher Höhe auflösen lässt, ist schwer zu taxieren. Aber es wird ein schmerzlicher Teil an Wohlstandsverlust übrig bleiben. Die Inflation wird sich teilweise von den Schocks erholen, aber nicht von den gestörten und liquidierten Wertschöpfungsketten. Die Energiepreise werden auch deutlich höher bleiben, bis die erneuerbaren Energien greifen. Das wird allerdings noch mindestens 10 Jahre dauern.

Globalisierung ist Deflation, Deglobalisierung Inflation

Der größte Freund des fossilen Verbrauchs ist der sinnlose Massenkonsum, der den Planeten an die Grenzen bringt. Das beste Beispiel ist die Kleidung, von der inzwischen in den Industrienationen mehr als 5-mal so viel pro Kopf verbraucht wird als in den 1950er Jahren. Michael Kläsgen hat in der Süddeutschen Zeitung vom 27./28. November 2021 darauf hingewiesen, dass wir 3 Planeten bräuchten, wenn alle so konsumieren würden wie die Deutschen.

Ein prägnantes Beispiel für den deflationierenden Globalisierungseffekt ist die im Jahr 2002[69] gegründete chinesische Textilien-Online-Plattform *Shein.com*. Das Unternehmen erhöhte seinen Umsatz allein im Jahr 2021 gegenüber dem Vorjahr um 40% von ca. 10 Mrd. auf 14 Mrd. USD. Die Bewertung von *Shein* liegt aktuell bei 100 Mrd. USD und liegt damit über dem Wert von *H&M* und *Inditex* zusammen. Namhafte Investoren wie *Sequoia Capital* (Venture-Capital aus Silicon Valley) und *IDG Capital* sind in das Unternehmen eingestie-

---

[69] *Public Eye* geht von einer Gründung im Jahr 2008 aus.

gen[70], das mit kostenlosem Versand und Retouren ab einem Warenwert von 39,00 € wirbt.[71] *Shein* hat in den USA inzwischen Platz 1 im Marktsegment „Fast Fashion" eingenommen und gilt als drittgrößtes „Start-Up" nach *ByteDance* (*TikTok*) und *SpaceX* (*Elon Musk*).[72]

Das preisdrückende Geschäftsmodell folgt der klassischen Internationalisierungs-Blaupause der Industrienationen und dem Logistik-Model *Amazons*. Mit Produktion in China und Logistik-Zentren in 220 Ländern und der Ausrichtung auf Jugendliche (Generation Z) sowie junge Erwachsene wurde bereits die Frequenz der *Amazon-App* überholt.[73] Es ist keine Überraschung, dass diese Art der Deflation – verursacht durch ein rigides Geschäftsmodell – von NGOs wie *Public Eye* kritisiert wird. Die Vergütung der Arbeitnehmer ist miserabel bei 12-Stunden-Schichten und 6 Werktagen.[74] Darin und im industriellen System der *Economies of Scale* (Massenproduktion) liegt der Vorteil des Konzerns und auch der Konsumenten. Dass damit zugleich der Preis für Baumwolle steigt, wird an anderer Stelle wieder sichtbar.

Dass mit der Billigst-Strategie (meistens Mode-Plagiate) und den Versand-Retouren-Policen die Ressourcen strapaziert werden, ist den Betreibern selbst bewusst, denn das Green-Washing in der Unternehmenskommunikation ist überaus absurd angesichts der „7-Euro-Wegwerfartikel". Es werden dabei keine Zertifikate verwendet, sondern es wird nur behauptet, man fertige nachhaltig. Die NGO *Fashion Transparency Index* hat *Shein* mit 0 von 20 möglichen Punkten bei einer Analyse von 250 Modehändlern bewertet.[75] Es ist aber nicht nur der Rohstoff Baumwolle, der hier verbraucht wird, denn der Preis der Ware lässt auch einen hohen Anteil an Kunststofffasern vermuten, was also ebenso einen Rohölverbrauch bedeutet.

[70] Deslandes 2021, o.S.

[71] Handelszeitung 2022, o.S.

[72] Deslandes 2022, o.S.

[73] Handelszeitung 2022, ebenda.

[74] Kollbrunner 2021, o.S.

[75] Kenk 2021, o.S.

Der Zusammenhang von Inflation und Ressourcenverbrauch

Die Ausplünderung unserer Umwelt wird dabei immer teurer, weil immer tiefer gebohrt werden muss, auf die Meere ausgewichen wird und in der Landwirtschaft immer mehr Kunstdünger eingesetzt werden muss, damit Fleisch auf den Tisch kommt. Das alles ist inflationstreibend und wir erhalten jetzt die Quittung für den ungezügelten Konsum. Anfänglich haben die Economies of Scale einen Deflationseffekt. Wenn aber die Kosten für die Ressourcengewinnung steigen, reicht die Fixkostendegression nicht mehr aus. Die variablen Kosten des – endlichen – Materials übersteigen diesen Effekt. Die Externalisierungskosten durch „Reparatur" der Umwelt kommen noch hinzu. Irgendwann sind planetarische Grenzen erreicht und können auch mit verbesserter Fördertechnik nicht mehr verschoben werden. Die Grundtendenz in der Fertigung ist zwar Deflation, das gilt aber für Ressourcen so nicht. Und in der Fertigung werden in letzter Instanz auch Rohstoffe verarbeitet.

Die Bevölkerungsexplosion von zwei auf über 7,5 Mrd. Menschen in 100 Jahren hat das Problem immens vergrößert. Außer Frieden als Voraussetzung für die Umgestaltung unseres Wirtschaftens ist das Zurückdrängen des Massenkonsums die größte aktuelle Herausforderung. Statt Black Friday benötigen wir einen „Kauf-nix-Tag", stellt Michael Kläsgen zu Recht fest. Das würde Druck aus dem Fossilienkessel nehmen und die Inflation der Energiepreise bremsen bzw. umkehren. Sollte aber nach den Konsumorgien der Industrienationen und Chinas auch noch die indische Volkswirtschaft dieses Paradigma bedienen, ist der Planet unter den aktuellen Bedingungen nicht mehr zu retten. Es braucht mehr als erneuerbare Energien. Auch die demografische Entwicklung wird nicht ohne Einfluss sein. Das mag jetzt düster klingen, ist aber nach 50 Jahren „Club of Rome"-Warnung (Grenzen des Wachstums) keine ganz neue Erkenntnis.

Fazit: Die Inflation ist vielschichtig

Die destabilisierende Inflation hat unterschiedliche Ursachen und kann sich sogar aus mehreren Quellen zusammensetzen, die nicht unbedingt miteinander in Zusammenhang stehen. Die aktuelle Inflation setzt sich zusammen aus einer *Markt-Inflation*, einer künstlichen Rohstoffverknappung und einer politischen „Waffe" und ist auch bei sonst stabilen Volkswirtschaften wie Deutschland und den USA auf dem Weg in die Zweistelligkeit.

Die *Markt-Inflation* reflektiert einen Überhang der Nachfrage gegenüber dem Angebot. Die Covid-Pandemie hat in den ersten beiden Quartalen im Jahr 2020 zu einem ruckartigen Rückgang der Nachfrage durch staatlich angeordnete Lockdowns geführt. Der Angebotsüberhang führte zum Preisverfall (Deflation). Die Unternehmen haben daraufhin die Produktions- und Leistungskapazitäten angepasst, so dass bei Auflösung der Lockdowns die Nachfrage wieder aufflammte, aber die Kapazitäten nicht entsprechend angepasst werden konnten.

Das betrifft Arbeitskräfte wie in der Gastronomie und Logistik, Materialen wie Baustoffe und Input-Produkte wie Mikrochips für Wertschöpfungsketten. In Deutschland gingen die Neuzulassungen von Kfzs im Jahr 2020 um ca. 20% zurück und im Jahr 2021 nochmals um 10%. Die Preise erhöhten sich um teilweise mehr als 10% und auch die Gebrauchtwagen sind 15% teurer als im Jahr zuvor.[76] Es besteht Knappheit, die sich nicht schlagartig auflöst.[77] Auch wenn die Covid-Pandemie als Ursache ausgemacht ist, bleibt diese Inflation länger gegenwärtig, bis ein Gleichgewicht von Angebot und Nachfrage gefunden ist. Wahrscheinlich werden die Preise nicht mehr das alte Niveau annehmen, da die Anbieter die Kapazitäten eher vorsichtig anpassen werden. Der größte Teil des Preisschubs wird erodieren. Diese *Markt-Inflation* ist überwiegend vorübergehend. Ein strukturelles Element ist die Verrentung der sehr starken Baby-Boomer-Jahrgänge, die jetzt in den Ruhestand gehen. Auch deshalb hat sich der Arbeitsmarkt an Fachkräften ausgedünnt und treibt die Lohnkosten aufgrund der großen Nachfrage für den Ersatz der Baby-Boomer.

Die zweite Komponente der aktuellen Inflation sind die Energiepreise, die anfangs im Jahr 2020 dramatisch verfielen. Die Kapazitäten besonders der ölproduzierenden Staaten wurden nicht auf das notwendige Niveau für die Nachfrage nach den Lockdowns erhöht.[78] Auch dieser Umstand treibt die Inflation und ist nicht nur Ergebnis von

[76] Mautes 2021, o.S.
[77] Zeit-Online 2022, o.S.
[78] Briesemann/Lambrecht 2022, o.S.

Angebot und Nachfrage, sondern entspricht einer Kartell-Absprache oder wie in diesem Fall einem Ausscheren aus einer Vereinbarung der OPEC-Staaten Nigeria und Libyen. Der Preis wird hier durch Marktmacht bestimmt, ist also eine *monopolistische Inflation*.

Energetische Rohstoffe, die für die globale Produktion unabdingbar sind, wurden nicht selten als politische Waffe eingesetzt, um bestimmte politische Ziele zu realisieren. Bei den diversen Kriegen im Nahen Osten reagierten die erdölproduzierenden Staaten mit Embargo und Rationierungen, um die Solidarität des Westens mit Israel zu sanktionieren.[79] Beim Sturz des Schah-Regimes im Iran 1979 sollte gezielt die USA getroffen werden. In diesen Fällen stiegen die Ölpreise um mehrere hundert Prozent und trafen die Industrieländer in einer Phase wirtschaftlicher Stagnation.

Das Zusammentreffen der Erdölpreiserhöhung mit stagnativem Wachstum wird auch „Stagflation" genannt, ein Kofferbegriff von Stagnation und Inflation. Diese Erscheinung tritt nun auch im Jahr 2022 in den Vordergrund. Die *Energie-Inflation* ist der Macht der Energie-Ressourcen-Länder geschuldet. Russland als aktueller Aggressor spielt diese Karte neben der militärischen auch aus. Das betrifft besonders die Preise für Gas. Die Rationierung der Gas-Volumina und die Spekulation der Finanzmärkte um dieses verknappte Gut haben die Preise bereits um mehrere hundert Prozent steigen lassen. Hier wie bei den Ölpreis-Schocks ist die Ursache eine politische, es handelt sich also um *politische Inflationen*. China kauft das vom Westen mit Embargo belegte russische Öl zu einem Preis ein, der höher ist als vor der Ukraine-Invasion, aber weit unter dem aktuellen Weltmarktpreis liegt. Das ist ein deutliches Zeichen der zunehmenden Blockbildung der BRICS-Staaten, denn auch Indien bezieht viel Öl aus Russland.

Zu den *politischen Inflationen* zählen auch jene, die durch politische Sanktionen entstehen. Ein Beispiel hierfür ist die Entwicklung in der Türkei, die in den Jahren 2019[80] und 2020[81] von Sanktionen der

---

[79] Krugman/Obstfeld 2006, S. 674ff.

[80] Fuchs et al. 2022; o.S. Die Türkei griff Kurdenmilizen in Nord-Syrien an. Die USA erhoben daraufhin Strafzölle auf türkischen Stahl und beendeten die Verhandlungen über ein Handelsabkommen.

USA betroffen war. Der Handel und die politische Stabilität nehmen ab, so dass die Landeswährung, wie in diesem Fall die türkische Lira, enorm an Wert verliert und Importe drastisch verteuert werden. Inzwischen liegt die Inflation in der Türkei bei über 70 % und die türkische Lira[82] hat gegenüber dem USD fast 90 % in einem Jahr verloren.[83] Die Verteuerung der Importe, z.b. in USD gehandelte Rohstoffe, ist extrem und destabilisiert die Volkswirtschaft zusätzlich. Die türkische Ökonomie leidet seit den politischen Unruhen rund um den gescheiterten Putsch 2016 und die militärischen Verstrickungen in Syrien. Das alles ist keineswegs verlockend für ausländisches Kapital, so dass es sich folgerichtig seit Jahren aus der Türkei hinausbewegt.[84]

Aktuell haben wir für die USA und die EU eine Addition von säkularer und marktlicher (Nachfrageüberhang als Folge der Pandemie-Lockdowns) Inflation, monopolistischen Preissetzungen (Absprache der Ölfördermengen) und politischen Verknappungen (Gaszufuhr Russlands und Embargos des Westens). Hinzu kommen Effekte der Deglobalisierung bzw. der Autonomiebestrebungen des Westens und der Dekarbonisierung. Diese wirkt anfänglich eher preistreibend.

Kurz- bis mittelfristig wird nur die *marktliche Inflation* zurückgehen. Alle anderen Komponenten werden die Preise hoch halten und einen nachhaltigen Wohlstandsverlust festschreiben.

Die *politische Inflation* wird sich durch einen militärischen Misserfolgs Russland möglicherweise minimieren. Die hohen Energiepreise sind teilweise dem Ukraine-Krieg geschuldet, aber auch dem gestörten Verhältnis der westlichen Industrienationen zu anderen Energie-Exportstaaten Afrikas, Lateinamerikas und Staaten des Nahen Ostens wie dem Iran. Eine diplomatische Offensive und eine echte Unterstützung der Entwicklungs- und Schwellenländer könnten den Preis für Öl und Gas senken.

---

[81] Güsten 2020, o.S. Die Türkei kaufte russische Abwehrraketen als NATO-Mitglied und ignorierte Warnungen der USA.
[82] Senz 2022, o.S. (Stand 26.06.2022).
[83] Finanzen.net 2022, o.S.
[84] Höhler 2021, o.S.

Die Rolle der Notenbanken in der Inflationsbekämpfung

Eine besondere Herausforderung ist aber das Einsetzen einer marktlichen Lohn-Preis-Spirale. Die Haushalte müssen die Einbußen durch die Inflation kompensieren. Insofern haben sich die Organisationen der Arbeitnehmer bereits in Stellung gebracht, um einen Inflationsausgleich zu erzielen. Die Inflation hat aber genauso die Unternehmen erreicht, denn auch diese müssen Energie und Materialien einkaufen. Also werden die höheren Kosten an die Konsumenten weitergegeben. Die infolge des Inflationsausgleichs steigenden Entgelte der Arbeitnehmer werden wiederum in die Produkte eingepreist, so dass sich eine Aufwärtsspirale herausbildet. Erschwerend kommt der Effekt der Wohnkostensteigerung hinzu, die von der Notenbank durch das „billige" Geld und die Nullzins-Politik heraufbeschworen wurde.

Den Notenbanken bleibt nur noch die Kontraktion der Geldmenge durch höhere Zinsen, die das Kaufen auf Pump eindämmt, und die Beendigung des Aufkaufens von Staatsanleihen. Es liegt auf der Hand, dass damit die Nachfrage auf der einen Seite geschwächt und das Investieren auf der anderen Seite erschwert wird. Eine Rezession ist unvermeidlich und die einzige Option, die dauerhaft drehende Lohn-Preis-Spirale zu bremsen. Der Preis ist hoch und von der Notenbank mit verursacht.

Die Alternative einer Prolongation des „quantitative easing", der lockeren Geldpolitik, würde alle makroökonomischen Substanzen gefährden. Angefangen von einer schwindenden Wettbewerbsfähigkeit auf internationalen Märkten durch Preiserhöhungen und/oder daraus folgenden Druck auf den Euro, was durch weitere Abwertung gegenüber dem USD die Importe weiter verteuern würde. Die Inflation ist die schlechteste Alternative für einen Dauerzustand. Hohe Inflation höhlt Ökonomien aus und ein Blick auf problematische Staaten zeigt, dass ein Zögern bei der Beseitigung hoher Inflation eine noch größere Leidensphase der Bevölkerung auslöst. Die Türkei ist dafür ein prägnantes Beispiel. Die Aktivitäten der Notenbanken wie FED, BoE und der SNB beweisen, dass die Notenbanken mit Ausnahme der EZB erkannt haben, dass die Inflation das makroökonomische Hauptproblem ist.

Der Notenbank-Schock unter Paul Volcker im Jahr 1979

Eine Blaupause für die aktuelle Situation lässt sich wirtschaftshistorisch in den USA finden. Im Jahr 1979 gab es weltweit und besonders in den USA eine ähnliche Situation. Die Inflation war relativ hoch und wurde durch rapide steigende Ölpreise zum großen Problem für die Administration unter Präsident Jimmy Carter. Der Grund für die starke Inflation im Vorlauf war die Entbindung des USD von anderen starken Währungen besonders Westeuropas und Japans. Der USD als Weltleitwährung hatte einen grandiosen Rückschlag hinnehmen müssen, da eine versprochene Golddeckung gegenüber den Währungspartnern nicht mehr gewährleistet werden konnte. Die USA hatten nämlich zur Finanzierung ihrer kostspieligen Kriege in Südostasien so viel USD „gedruckt", dass die Goldreserven der USA bei weitem nicht ausreichten, um gegen andere Währungen konvertieren zu können. Das hatten die USA aber versprochen, vereinbart und nun nicht mehr halten können.

Präsident Nixon kündigte im Jahr 1971 deshalb die Goldfixierung des USD auf, was natürlich zu einem Vertrauensschwund führte. Nach Aufgabe der Wechselkursfixierung floateten die starken Währungen DM und Yen in die Höhe und der USD verlor. Die Deutsche Bundesbank und die Bank of Japan setzten die Zinsen hoch, um Inflation zu vermeiden. Die Leitzinsen wurden zeitweilig bis auf 12%[85] angehoben, was zusätzliches Kapital anzog. Andere Staaten wie UK und Italien trauten sich nicht zu, die eigene Währung zu stärken und hatten große Probleme, in der Ölpreis-Krise 1973[86] die Ölrechnungen zu begleichen.[87] Der Ölpreis vervierfachte sich in dieser Zeit. Die Aufwertung der DM gegenüber dem USD half Deutschland über die schwierige Zeit, denn die Ölpreiserhöhungen in USD wurden durch die Aufwertung stark abgemildert.

Die US-Notenbank FED erhöhte mit dem Nixon-Schock den Leitzins, um den USD-Absturz aufzufangen, was die Exportwirtschaft beschädigte und das Wachstum blockierte. Deshalb wurden die Zinsen wieder gesenkt mit dem Ergebnis, dass die Inflation mit über 10%

---

[85] Kein Jahresdurchschnitt.
[86] Jom-Kippur-Krieg; arabische Staaten verhängten ein Öl-Embargo.
[87] Pumpe 2022, o.S.

zurückkam. Es war ein hektisches geldpolitisches Treiben, das in der Therapie zwischen Wachstum und Inflation hin und her taktierte. Das Resultat war am Ende eine Stagflation, weil die Inflation selbst bei Stagnation der Wirtschaft nicht verschwinden wollte.

Die Schwäche des USD führte zu einer heftigen importierten Inflation in den USA für alle ausländischen Produkte, besonders denen aus Japan und Deutschland. Auch das Öl verteuerte sich erheblich. Mit der Ölpreiserhöhung 1979 durch die Geschehnisse im Iran war es um die Stabilität der US-Wirtschaft komplett geschehen. Auch hier hat eine politische Inflation ohne Drehbuch die Notenbank zur rigorosen Zinserhöhung gezwungen: Die Kauflust qua Schulden sollte gebremst werden. Das gelang unter Paul Volcker mit Zinserhöhungen auf durchschnittlich über 16 % und in der Spitze auf ca. 20 % im Jahr 1981. Eine Inflation, die über dem Zins liegt, ist ein sicheres Zeichen für Fehlentwicklungen, die erst nach dem Volcker-Schock deutlich abnahmen.

Abbildung 16 zeigt die Problematik vor dem Volcker-Schock auf. Eine ähnliche Konstellation entstand im Euro-Raum nach der Staatsschuldenkrise nach 2010 und gipfelt aktuell in einem realen Negativzins von ca. minus 7 % im Euro-Raum.

Die Therapie vor dem Volcker-Schock versagte: Der FED-Vorsitzende unter Nixon, Alfred Hayes, wollte Inflation und Rezession simultan bekämpfen. Er scheiterte mit der Stop-and-Go-Politik.[88] Die Verbraucher konsumierten, weil sie weitere Preiserhöhungen erwarteten und die Unternehmen investierten nicht, weil sie weitere Zinserhöhungen mit negativen Nachfragefolgen erwarteten. Das von *John Maynard Keynes*[89] immer wieder betonte Vertrauen als Basis für gleichgewichtiges Wachstum war dahin, denn die Notenbank war für die Marktakteure nicht mehr berechenbar. Paul Volcker stellte dieses Vertrauen durch deutliches Anheben des Leitzinses über die Inflation wieder her. Der Preis dafür war eine heftige Rezession mit nachhaltigem stabilen Wachstum nach der Rosskur. Die Konsumenten beendeten den hektischen Kaufdrang, weil sie Vertrauen in das Ende der Inflation entwickelten. Die Kosten für neue Investitionen über Verschuldung waren vorerst so hoch, dass auch die Angebotsseite vorsichtig wurde.

---

[88] Amadeo 2021, o.S.
[89] Keynes 1936, S. 37ff.

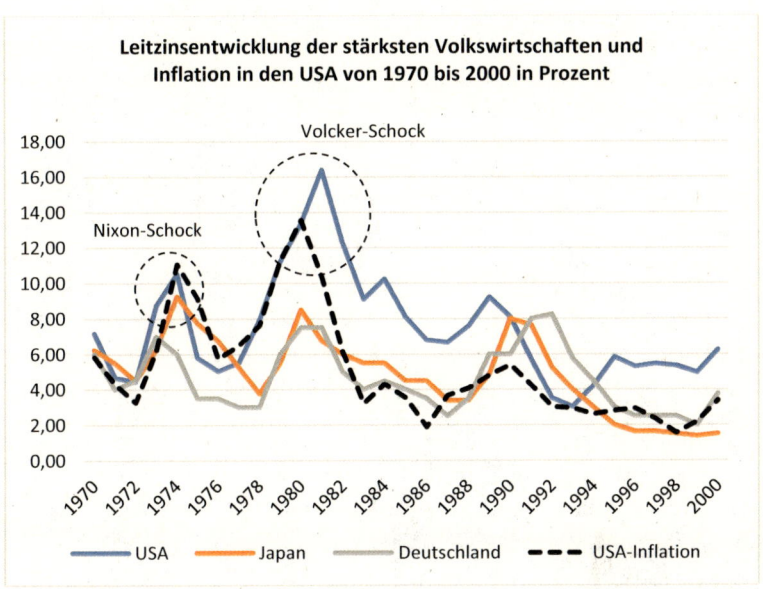

Abbildung 16: Leitzinsentwicklung der stärksten Volkswirtschaften bis 2000 in Prozent

Daten: Fred 2022, o.S.; Bank of Japan 2022, o.S.; Bundesbank 2022, o.S.

Auf die heutige Situation bezogen wird mit Zinserhöhungen und dem Ende der lockeren Geldpolitik der Geldkreislauf verlangsamt. Als Erstes trifft es die Baubranche und alle Ausgaben, die gewöhnlich mit Krediten (vor)finanziert werden. Eine Rezession ist unvermeidlich. Die politische Dimension der höheren Energiepreise durch Drosselung von Gaszufuhren und Öl-Embargos sind der Solidaritätspreis für die Unterstützung der Ukraine und die Abwehr russischen Imperialismus. Wer das nicht will, wie etwa die Ungarn innerhalb der EU, sollte sich ein anderes politisches Lager suchen.

Die Inflation ist in der Gesamtheit auf viele politische Fehler zurückzuführen:

- Globalisierungsgläubigkeit und Glorifizierung von Just-in-time-Wertschöpfungsketten:
  - Entstehen von „teuren Abhängigkeiten".
  - Verlust von Know-how und Wettbewerbsfähigkeit.

- Appeasement-Politik[90] (deren Scheitern) gegenüber Russland:
  - Rohstoffe werden deutlich teurer; Alternativen nicht rechtzeitig entwickelt.
  - Militär wird aufgerüstet.
- Festhalten an fossilen Energieträgern anstatt Ausbau erneuerbarer Energien:
  - Rechtzeitige Substitution hätte kostensenkende Wirkung.
  - Kosten für Klimaschäden steigen.
- Vernachlässigung der sozialen Frage (Verteilung):
  - Sozial schwache Gruppen müssen subventioniert werden; Installation des Niedriglohnsektors des Schröder-Kabinetts (1998-2002) hat die Industrie gestärkt und die Armut beflügelt.
  - Zusammenhalt in der Gesellschaft wird bedroht; politische Reaktion der „Abgehängten" und „Gentrifizierten" hin zur AfD.
  - Verzicht auf sozial gerechtfertigte Steuern und Hinnahme von Steueroasen; Deckelung der Kapitalertragssteuer und Senkung der Spitzensteuersätze auch durch das Schröder-Kabinett.
- Geringschätzung/Übervorteilung von Schwellen- und Entwicklungsstaaten:
  - Finanzierung der Migrationen aus perspektivlosen Regionen.
  - Diese Staaten wenden sich als Partner vom „Westen" ab.

Die Aufstellung zeigt, dass die politische Komponente von Inflation erheblich ist. Inflation ist nicht gottgegeben und außerhalb der undramatischen säkularen Inflation ist vieles möglich, um Vertrauen in Preisstabilität zu schaffen. Geld ist in erster Linie ein Tauschmittel,

---

[90] Die Appeasement-Politik hat *Nord Stream 2* erst ermöglicht und den Umbau auf erneuerbare Energien verzögert. Auch militärisch hätte Deutschland durch Aufrüstung ein Zeichen setzen können. Das hätte zwar Ressourcen gebunden und das Gas verteuert, aber eben auch die Entwicklung Russlands beeinflusst. Putin wähnte sich im Umfeld „schwacher" Staaten und einer nicht ernstzunehmenden NATO. Ähnlich zurückhaltend haben sich die USA in Syrien verhalten. Jetzt ist der Schaden ungleich größer und teurer. Der Energiesektor ist aktuell preislich aus dem Ruder gelaufen und der Ukraine-Krieg, der an der aktuellen Inflation beteiligt ist, hält das Preisniveau hoch, weil die Lieferbeziehungen nicht stabil sind.

auch dann, wenn es wie bei der Vermögensbildung der Aufbewahrung dient.

Wenn das Tauschmittel ständig nennenswert verliert, geht auch das Vertrauen in Volkswirtschaft und Staat verloren. Aber auch die Funktion als liquides Aufbewahrungsmittel für die Alterssicherung ist nicht zu unterschätzen. Wenn über einen Zeitraum von 13 Jahren ein negativer Realzins von 5% hingenommen werden muss, geht die Hälfte der Ersparnisse verloren. Wir liegen aktuell bei minus 7% und die Phase der Negativzinsen dauert nun schon über – mit einer kurzen Unterbrechung – 10 Jahre an.

5. Die schlechte Nachricht:
Kein Staatsbankrott Russlands

Sanktionen sind wirksam, wenn auch nicht hinreichend

EU-Chefin von der Leyen verteidigte die wohldosierten Sanktionen gegen Russland gegenüber der „Bild" mit der Annahme, dass Russlands Staatsbankrott nur eine Frage der Zeit sei. „Bankrott" klingt nach Kapitulation, die man sich sehnlichst wünscht, damit der Krieg ein Ende findet. Auch die Feststellung, dass der russische Import um 70 % eingebrochen ist, Flugzeuge aufgrund fehlender Ersatzteile und Software-Updates den Boden nicht mehr verlassen und das BIP um ca. 10 % fallen wird, nährt in diesem Zusammengang lediglich falsche Hoffnungen.[91]

Die westlichen Sanktionen würden Zahlungsausfälle bei russischen Schulden provozieren, weil russische Guthaben bei Zentralbanken eingefroren sind. Das als Bankrott hinzustellen ist Wunschdenken. Russland hat zuletzt in Rubel zurückgezahlt, obgleich USD vereinbart waren. Die Korrespondenzbank, die den Zugang zu den anderen Notenbanken hält, hat den Umtausch gegen USD auf Geheiß der US-Notenbank (FED) abgelehnt. So what. Die Ratingagenturen werden nach der üblichen Gnadenfrist von 30 Tagen Russland noch weiter ab-„raten". Das bringt Putin aber nicht um den Schlaf, sondern ist von ihm sogar so geplant, denn selbst unter den Sanktionsvoraussetzungen wären noch ausreichend USD in der russischen Schatulle. Putin wollte nicht. Was ist „unrechtmäßiger": Vermögen einzufrieren oder in Rubel anstatt in USD zu zahlen? Da sich Putin nicht um das Völkerrecht schert, wirkt die Rüge nach Verweigerung der Zahlung in USD ohnmächtig.

Mit Kaufmannsmoral wird das russische Treiben nicht adäquat eingeordnet. Die meisten Wirtschaftsjournalisten sind sich einig, dass es sich, wenn überhaupt, um eine „technische Insolvenz" handelt. Es

[91] n-tv 2022e, o.S.

wird kein Insolvenzverwalter kommen und Russland abwickeln. Auch wird kein IWF und/oder eine Weltbank eingreifen müssen. Russland ist nicht Argentinien[92]: Die Auslandsschulden sind niedriger als die Währungsreserven und Russland darf sogar die „eingefrorenen" Devisen für Gläubiger nutzen. Eine Volkswirtschaft mit eigener Notenbank bei Leistungsbilanzüberschüssen und geringen Auslandsschulden ist kein Fall für die internationale Finanzfeuerwehr. Die Feuerwehr wäre in diesem Fall auch der Brandstifter.

Auch besteht Einigkeit, dass Russland über genügend Landwirtschaft verfügt, um das eigene Volk zu versorgen. Genauso ist die Militärindustrie (noch) nicht auf Importe angewiesen. Russland verfügt über große eigene Ressourcen[93] und ist seit der Krim-Annexion im Umgang mit westlichen Sanktionen geübt.

Die technologische Achillesferse

Es ist lediglich die Frage unbeantwortet, ob Russlands Volkswirtschaft und besonders das Militär von westlichen Technologieprodukten (Halbleiter-Chips) abhängig ist. Westliche Chips sind momentan State of the Art und die Blockade der westlichen Herstellerstaaten[94] wird Russland mittelfristig treffen. China könnte mit geringerer Qualität helfen, steht aber auch unter den beobachtenden Argusaugen der USA. Chinesische Unternehmen wie *Lenovo* und *Xiaomi* halten sich daher aktuell bedeckt.[95]

Allerdings ist es kaum möglich, weniger moderne Chips aus dem unkontrollierten Handel herauszufiltern. Die Geschäfte preisgünstiger Standard-Chips laufen über diverse Zwischenhändler unterschiedlichster Nationalitäten. Von knapp 580 Mrd. Chips pro Jahr entfallen fast ⅔ auf diese „Commodity-Chips", deren Spuren sich verlaufen. Und diese Chips sind natürlich auch in Drohnen, Lenkraketen, Hubschrau-

---

[92] Argentiniens Problem war seit jeher die Verschuldung gegenüber dem Ausland im Gegensatz zu Russland.
[93] Sogar das Uran für die europäischen Atomkraftwerke stammt überwiegend aus Russland; vgl. Schultz 2022, o.S.
[94] Bundesregierung 2022, o.S.
[95] Biederbeck-Ketterer 2022, o.S.

bern, Kampfflugzeugen und anderen Geräten zur elektronischen Kriegsführung verbaut. Immer wieder wurden in Trümmern Chip-Bauteile gefunden, die einen westlichen Markennamen trugen und über Zwischenhändler an Russland oder andere Aggressoren geliefert wurden. Es ist ähnlich dem Drogengeschäft: Nutzung von Schwarzmärkten ist üblich.[96]

Ob der Import durch Drittstaaten grundsätzlich unterbunden werden kann, bleibt auch offen. Und die Währung ist dabei das letzte Problem. Hier geht es um Kontrolle von Sanktionen. Und wenn dann auch noch die BRICS-, arabische und afrikanische Staaten mitmischen, könnte man genauso gut einen Sack voller Flöhe hüten. Die Frage lässt sich noch nicht abschließend beantworten. Russland selbst hat in diversen Doktrinen zur IT-Sicherheit die technologische Unterlegenheit eingeräumt und dennoch einen eher isolationistischen Kurs eingeschlagen, um die Abhängigkeit vom Westen zu verringern.

Russland-Expertin Alena Epifanova (Deutsche Gesellschaft für Auswärtige Politik e.V.) sieht darin eine Fixierung des technologischen Abstands zum Westen, der sich durch den Aderlass auswandernder IT-Fachkräfte noch verfestigen könnte.[97] Für den aktuellen Krieg wird das leider keine großen Auswirkungen haben.

Der Rubel ist nicht das Problem

Im Binnenland Russlands wird mit Rubel gezahlt und Rubel könnten von der Zentralbank nach Bedarf und Belieben bereitgestellt werden. Die Schäden durch die Sanktionen sind geringer als der moralische Aderlass, denn die Migration vieler angewiderter Russen – über 300.000[98] – in die Nachbarstaaten und nach Europa ist eher eine Reaktion auf den Aggressionskrieg und den Demokratieabbau und weniger auf das Ausbleiben von Gucci-Handtaschen.

Der „Brain-Drain" – vor allem bei IT-Experten – trifft Russland am neuralgischen Punkt: Die russische Volkswirtschaft stagniert seit vielen Jahren. Ein Umbau in Richtung moderner Industrie und Dienst-

---

[96] Lanhee Lee 2022, o.S.
[97] Epifanova 2022, o.S.
[98] Platz 2022, o.S.

leistungen wie in China oder Indien ist nicht sichtbar. In Russland hat die Industrie weniger Anerkennung als das Rohstoff-Business. Das auch deshalb geringe BIP muss zudem hohe Militärausgaben stemmen. Die Phase hoher Leistungsbilanzüberschüsse wurde zum Horten von Devisenreserven und nicht zum Umbau der Volkswirtschaft genutzt. Putin wollte diesen Krieg mit Devisenreserven absichern, auch wenn aus diesem Altbestand jetzt nur noch Gold und Yuan zur Verfügung stehen.

Aber es hätte mehr sein können. Wie Abbildung 17 verdeutlicht, stieg Russland im Jahr 2018 massiv aus dem USD aus und in Chinesische Yuan ein. Ca. 45 % der Devisenreserven sind keine USD, EUR und Pfund Sterling. Was geschah 2018?

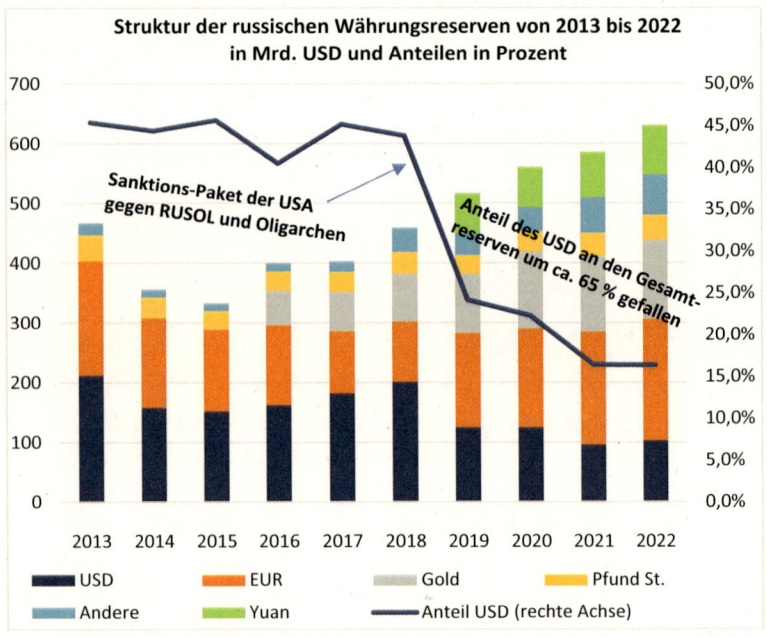

Abbildung 17: Struktur der russischen Währungsreserven von 2013 bis 2022

Daten: Bank of Russia (cbr.ru). ©te

Es war „Schein-Kumpel" Donald Trump, der Putin vor Augen führte, was mit dem Halten von USD verbunden ist. Jeglicher Devisenbestand in USD ist nichts wert, wenn er nicht konvertierbar ist und wenn man damit keine Waren und Dienstleistungen kaufen kann. Putin spielte in Trumps Sandkiste und Trump demonstrierte einmal zu viel, was das bedeutet: Der russische Aluminiumkonzern *Rusal* und zwei verbundene Unternehmen wurden 2018 von den USA sanktioniert und erst nach dem Rückzug des kremlnahen Oligarchen *Oleg Deripaska* aus dem Unternehmen wurden die Sanktionen 2019 aufgehoben.[99] Das Vermögen wurde in dieser Zeit „eingefroren".

Der größte Aluminium-Konzern außerhalb Chinas kam gehörig ins Schlingern und wurde zum Spielball amerikanischer Sanktionsgelüste. Diese Aktion war Teil eines größeren Pakets, das auch Putins „milliardenschweren" Schwiegersohn traf.

Diese Botschaft, die sich auch noch auf die Krim-Annexion und Russlands Rolle im Syrien-Krieg bezog, kam bei Putin an: Wer sich mit Devisen in das USD-System begibt, hängt von der Daumenrichtung der US-Regierung ab.

Die Umschichtung der Währungsreserven im Jahr 2018 wurde angegangen: Yuan und Gold statt USD. Im Jahr 2021 wurde auch der russische „Staatsfond für Wohlstand" vom USD befreit, was der Kreml als „Entdollarisierung" und Reaktion auf geopolitische Änderungen feierte.[100]

Und eines darf nicht unterschlagen werden: Der Rauswurf aus dem internationalen Zahlungsverkehrssystem SWIFT[101] betrifft die wichtigsten Geschäftsbanken Russlands nicht. *Sberbank* mit 37% des russischen Bankensektors und *Gazprombank* sind ausgenommen, da die für die EU-Länder notwendigen Energielieferungen aus Russland sonst finanztechnisch nicht abgewickelt werden könnten.[102] Die moralische Komponente der Sanktionen knickt hier ein. Und der Rubel konnte sich schnell vom ersten Schock erholen. Die Maßnahmen waren

---

[99] Spiegel 2019, o.S.

[100] Deutsche Welle 2021, o.S.

[101] *Society for Worldwide Interbank Financial Telecommunication*, ansässig in La Hulpe, Belgien. Diese Genossenschaft bedient über 11.000 internationale Banken und wird von den Zentralbanken der G10-Länder (Vereinigte Staaten, Belgien, Deutschland, Frankreich, Vereinigtes Königreich, Italien, Japan, Kanada, Niederlande und Schweden) beaufsichtigt.

[102] Reuters 2022, o.S.

durchaus clever und konterten die Sanktionen zumindest was den
Rubel betrifft (Abbildung 18). Der Rubel ist auf Vorkriegs-Niveau.

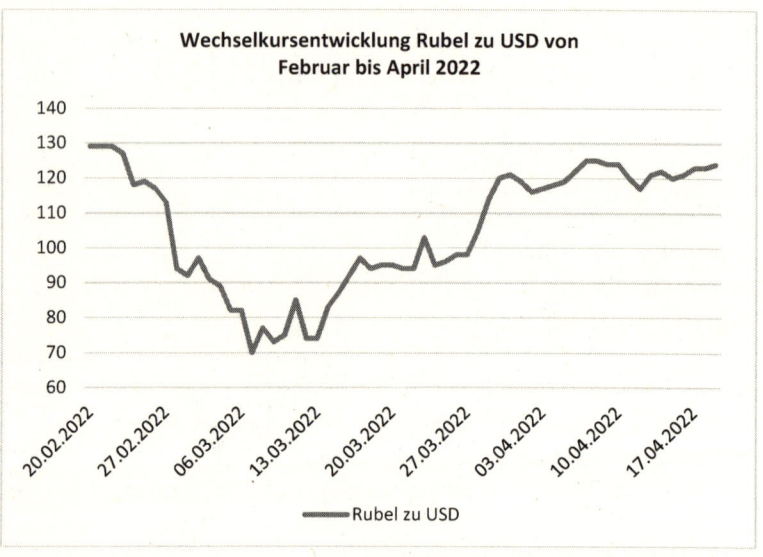

Abbildung 18: Wechselkursentwicklung Rubel von Februar bis April 2022

Daten: https://www.xe.com/de/currencycharts/?from=RUB&to=USD. ©te

Die Sanktionen hatten anfänglich die Hoffnung geschürt, dass der
Krieg ökonomisch gewonnen werden könnte. Der Rubel verlor 50%
seines Wertes gegenüber dem USD, der Börse erging es nicht viel
besser und etliche Schlangen bildeten sich vor den Geldautomaten
Russlands. Die Zentralbank *Bank of Russia* setzte daraufhin den Zinssatz von 10,5 auf 20% herauf, um die Attraktivität des Rubels zu
stärken. Mehr Effektivität hatte die Direktive, dass Deviseneinnah-
men zu 80% in Rubel getauscht werden mussten. Der Zustrom aus
EUR und USD hin zum Rubel wertete diesen kräftig auf. Nicht die
Zentralbank tätigte diese „Stützungskäufe", sondern der Markt wurde
dazu gezwungen. Ein cleverer Schachzug. Angesichts der chronischen
Exportüberschüsse aus Öl und Gas wird der Rubel permanent gestützt
und die Notenbank konnte den Zinssatz auf 17% – das entspricht der
Inflation – senken, um es der heimischen Wirtschaft zu erleichtern,

Kredite aufzunehmen. Der Zinssatz soll demnächst noch stärker gesenkt werden. Das spiegelt deutlich die Problematik sinkender Exporte, denn diese indirekten Stützungskäufe des Rubels werden mit zunehmender Energieunabhängigkeit des Westens ausbleiben. Russland muss reagieren.

Das hat auch die Notenbankchefin Elvira Nabiullina erkannt. Sie geht davon aus, dass nach dem Finanzmarkt auch die russische Wirtschaft betroffen sein wird. Nicht mehr die Finanzsanktionen werden das Problem sein, sondern die Restriktionen für Importe und Logistik des Außenhandels.

Die Importe brachen bislang um 10 % ein, der Seehandel mit der Europäischen Union kam annähernd zum Erliegen. 14 der 20 größten Containerlinien haben Russland die Zusammenarbeit verweigert und im Nordwesten ging der Verkehr um 90-95 % zurück. Nabiullina mahnt zur Umorientierung auf andere Partner und zur Fertigung älterer Produktgenerationen, um den Rückgang des BIP zu begrenzen.

Die wirtschaftliche Substanz würde zum dritten Quartal nicht mehr ausreichen. Der Druck steigt.[103] Bei einem Fortgang der Ereignisse kommt es zum langsamen Verfall Russlands begleitet von einem langwierigen Abnutzungskrieg in der Ukraine. Einen erratischen Schock wird es wohl nicht geben. Der Westen kann nur an der Beschleunigungsschraube drehen.

Der Westen und auch Russland suchen nach Alternativen

Das Leiden des russischen Energieexports ist vorgezeichnet. Zeit für den Westen, um von Putin loszukommen, und Zeit für Russland, um sich neue Partner zu suchen. Insofern ist auch zu erklären, warum der EUR im Devisenreserven-Portfolio Russlands nicht reduziert wurde. Im Gegensatz zu den USA hängt Europa noch am Tropf und füllt die Devisen-Kasse kontinuierlich auf. Putin vermutete eine zahnlose EU. Und den Europäern fehlt tatsächlich aktuell der Hebel, um ein empfindliches Embargo durchsetzen zu können. Der große Finanz-Crash Russlands bleibt folglich aus. Die Rubel-Erholung nach dem Absturz

---

[103] Hindustan News Hub 2022, o.S.

gegenüber dem USD ist ein Zeichen russischen Selbstbewusstseins respektive geldpolitischer Strategien.

Es wird bestenfalls ein langwieriges Auszehren, wenn es Russland nicht gelingen sollte, außerhalb des Westens erfolgreich handeln zu können. Und schon sind wir wieder bei den BRICS, der arabischen Welt und den afrikanischen Staaten. Letztere sind in diesem Szenario eher unbedeutend. Der russische Außenminister hat unlängst seinen wichtigsten potenziellen Partnern einen Besuch abgestattet. Von den BRICS-Staaten sind Brasilien und Südafrika selbst Ressourcenlieferanten. Brasilien bietet sich aktuell dem Weltmarkt mit einer Steigerung von 10 % mehr Ölförderung an und Südafrika ist Gaslieferant. Dabei kann Russland nur als Abwickler über die Gazprombank einsteigen. Wenn Südafrika die Entscheidung zugunsten eines russischen Unternehmens fällt, wird der Zugang zu westlicher Hilfe deutlich schwieriger. Die Entscheidung steht noch aus.

Chinas Hilfe für Russland wäre ein Hindernis für die „Neue Seidenstraße"

Ganz andere Dimensionen gelten für China und Indien. Mit zusammen 2,8 Mrd. Einwohnern und überdurchschnittlich wachsenden Volkswirtschaften haben die beiden Giganten das, was Russland nicht hat. Die Märkte sind interessant für westliche Investitions- und Konsumgüter und die Lohnstückkosten sind geeignet, die unselige Globalisierung zulasten inländischer Branchen fortzusetzen. Bezüglich China hat der Westen dort ein Produktivkapital aufgebaut, das die Handelsrichtung bereits deutlich aus China heraus bestimmt. Schätzungsweise 50 % der chinesischen Exporte werden durch ausländische Unternehmen, die den Lohnstückkostenvorteil seit drei Jahrzehnten suchen, abgedeckt.[104]

Allein die Europäische Handelskammer vertritt in China über 1700 Unternehmen vom Mittelständler bis zu großen Konzernen wie BP, Siemens, Bayer, Bosch, Henkel, Daimler und Volkswagen. Insgesamt wurden in China im Jahr 2020 über 1 Mio. ausländische Unternehmen gelistet. Und all deren Waren müssen außer Landes gebracht

---

[104] GWBMA 2021, o.S. und Flassbeck/Steinhardt 2018, S. 25.

werden, dorthin, wo entsprechende zahlungsfähige Nachfrage Güter-
märkte räumen kann. Aus diesem Grund besteht inzwischen auch eine
Abhängigkeit Chinas, das sich mit der Neuen Seidenstraße (The Belt
and Road Initiative) die entsprechende logistische Infrastruktur für
diesen exzessiven Export sichern möchte. Sollte China die strategische Partnerschaft mit Russland tatsächlich so unbegrenzt umsetzen,
wie angekündigt[105], wird das Projekt „One Belt, one Road" ohne den
Westen stattfinden. Nur, wohin dann mit den Gütern? Zaudern und
Schweigen in Peking belegen das chinesische Dilemma.

> „Ein neuer Eiserner Vorhang würde Russland und seine Satelliten-
> staaten – darunter auch Weißrussland, das sich bei Russlands An-
> griff auf die Ukraine der Mittäterschaft schuldig gemacht hat – von
> der EU trennen. Die Neue Seidenstraße als eurasische Logistikbrücke
> zwischen China und Westeuropa wäre damit erledigt."[106]

Martin Klein verweist hier auf den physischen Zugang über die eura-
sischen Landmassen. Darüber hinaus besteht eine potenzielle Sank-
tionierung durch den Westen, sollte sich China parteilich pro Russland verhalten. Ein Import-Boykott wäre durchaus denkbar, ebenso
eine Abschottung gegenüber „One Belt, one Road".

Ähnlich sieht es mit Indien aus, das sich durch Waffenkäufe von
Russland unbeliebt macht und nicht Stellung beziehen möchte. Der
Ölimport aus Russland wurde seit dem Krieg nochmals erhöht. Der
russische Außenminister Lawrow war gerade in China und Indien, um
für die eurasische Partnerschaft zu werben. Man könnte meinen, dass
die 3 BRICS-Staaten gut miteinander harmonieren: Ein Staat hat un-
endliche Bodenressourcen, 2 Staaten haben viel Humankapital, IT-
Expertise und wachsende Märkte. Sie sind fast komplementär – aber
glücklicherweise auch zerstritten. Indien hat Probleme mit China.
Und beide Staaten leiden an überambitionierten Machtvisionen.

[105] Käufer 2022, o.S.
[106] Klein 2022, o.S.

Indien zwischen Baum und Borke

Indien ist dem neu geschlossenen und breit aufgestellten Asien-Frei-
handelsabkommen RCEP[107] nicht beigetreten, das ab 2022 in Kraft
getreten ist. Indien wird auch deshalb seit Wochen diplomatisch um-
garnt, weil es tatsächlich keine festen Bündnisse sucht. Das Problem
liegt in der Rivalität zu China, mit dem Indien eine 3500 km lange
gemeinsame Grenze bestreitet. Der Verlauf der Grenze wird unterschiedlich betrachtet, so dass noch vor 2 Jahren zig Menschen in einer
gewalttätigen Auseinandersetzung im Himalaja-Gebirge sterben mussten. Beide Staaten haben aber nicht nur diese Grenzstreitigkeiten.

Weit vom Himalaja-Gebirge entfernt lässt China im Indischen
Ozean Kriegsschiffe patrouillieren, um für China wichtige Handels-
routen abzusichern. China hat zu diesem Zweck Häfen entlang der
Küsten von Myanmar, Sri Lanka und Pakistan installiert, was in Indien
für Verdruss gesorgt hat. Die USA unterstützen Indiens Widerstand
gegen China, dessen Aktivitäten den USA besonders im Südchinesischen Meer ein Dorn im Auge sind. Im Interesse gegen China, dem
eigentlichen BRICS-Partner, ist Indien eine Allianz mit den USA,
Japan und Australien eingegangen: das Vierer-Bündnis Quad.[108]

Am Ende wird es auf China und/oder Indien ankommen, ob die
Autokratien vornehmlich unter sich bleiben oder ob es weiter einen
Austausch, wenn auch auf niedrigerem Level, zwischen Ost und West
geben wird. Russland wird bis zur Umkehr und Zahlung von Repara-
tionen aus den Sandkisten des Westens ausgesperrt bleiben und allenfalls den devoten Juniorpartner Chinas spielen dürfen. China und Indien haben noch eine freie Wahl, die für Putins Russland außer
Reichweite ist.

Und auch die USA suchen nach Optionen, um den Energiemarkt
zu entspannen. Der Iran und auch Venezuela wurden kontaktiert und
verhalten sich kooperativ. Und beide Staaten unterhalten gute diplomatische Beziehungen zum Kreml. Aber gute Beziehungen zu den
USA sind viel wert. Das werden auch Putin und Lawrow eingestehen
müssen. Die USA haben mehr zu bieten als Öl, Gas und Panzer. Und

---

[107] Regional Comprehensive Economic Partnership, bestehend aus 15 asiatischen
Staaten incl. China, Japan und Südkorea.
[108] Hauberg 2022, o.S.

auch die EU kann als Beifang dieser Beziehungen für Venezuela und den Iran sehr nützlich sein. Von Munition allein wird man nicht leben können. Und russische Energie benötigen diese Staaten nicht.

Russland kann den Krieg nicht gewinnen, aber lange siechen

Russland hatte den Krieg verloren, als der erste Panzer über die Grenze walzte. Die entschlossene Reaktion Europas und die Wiederauferstehung der NATO sind das Verdienst Putins. Nur hatte er das so wenig erwartet wie den Widerstand der Ukrainer. Mehr als die teure militärische Verwaltung einer verwüsteten Ukraine war/ist nicht möglich; ein bisschen „tote" Landkarte. Despoten sind in der Regel ziemlich dämlich.

Der Iran zeigt das zähe Ringen um die Sanktionswirkungen

Dennoch ist ein schnelles Ende nicht in Sicht. Der Iran wurde bereits mehrere Male hart sanktioniert. Und der Iran wurde auch aus dem SWIFT verbannt. Vor den harten Sanktionen gegen den Iran hatte Deutschland ein Handelsvolumen von 5 Mrd. EUR und China von 3 Mrd. EUR mit dem Iran. Im Jahr 2021 stand China bei 15 Mrd. und Deutschland bei 1,76 Mrd. EUR. In dieser Rechnung ist der offizielle iranische Öl-Export nicht enthalten. Die Sanktionen durch die Trump-Administration waren für den Iran besonders heftig. Der Öl-Export brach dramatisch ein und bringt nur noch einen Bruchteil der Einnahmen besserer Zeiten, als diese Einnahmen noch 60 % des Staats-Budgets abdeckten. Die makroökonomischen Daten für den Iran sind wirklich übel: Das BIP schmolz in 2019 um fast 7 %, die Arbeitslosigkeit betrug knapp 11 %, die Inflation beschleunigte sich auf 40 % und der Rial verlor 85 % gegenüber dem USD. Das war dann auch der Haupttreiber für die Inflation im Lande, denn die Importe verteuerten sich schlagartig um diesen Wert. Trotz dieser Auswirkungen und der bitteren Perspektiven lenkte der Iran bei den dafür verantwortlichen Atomprogramm-Verhandlungen nicht ein.

Der Iran ging nicht in die Knie, sondern entwickelte eine sogenannte „Widerstands-Ökonomie": Mittels Diversifizierung konnte die

Abhängigkeit vom Öl-Export sukzessive abgebaut werden. Die nationalen Branchen sind in der Lage, die wesentlichen Konsumgüter und Dienstleistungen selbst anzubieten. Das Armutsniveau ist gegenüber dem Jahr 2010 trotz der Bemühungen um fast 18 % gestiegen. Und das liegt dann doch am beschränkten Öl- und Gas-Export. In einer Analyse der „Iran Under Sanctions Project" der Johns-Hopkins-Universität wurde ermittelt, dass die iranische Wirtschaft ohne Berücksichtigung der Öl-Industrie seit 2012 bis zur Corona-Pandemie sogar leicht zugelegt hat.[109] Damit wären die berechtigten Aussichten für den Iran bei erfolgreichen Verhandlungen zum Atom-Deal geradezu prächtig. Der Iran wurde zum Aufbau der Wirtschaft jenseits von Öl und Gas gezwungen. Das war mit Sicherheit nicht die Absicht von Trump, aber es ist das Ergebnis. Und die iranischen Vertreter verhandeln aktuell nicht zurückhaltend. Sie wissen um die neue Stärke.

Man darf auch nie die Einbindung sanktionsunwilliger Staaten außer Acht lassen. China hatte „graues" Öl abgenommen und den Umweg über Drittstaaten wie die Vereinigten Arabischen Emirate (VAE) und Malaysia eingeschlagen. Die VAE haben das Öl umetikettiert und ihrerseits ein entsprechendes Gütervolumen an den Iran geliefert. Es finden sich immer Mittel und Wege, aber eben nicht in der Dimension der Vor-Sanktions-Periode. So versuchte der Iran auch, mit Geisterschiffen Öl zu liefern. Die Schiffe schalten das Ortungssignal aus, um unentdeckt liefern zu können, und riskieren damit umwelt-katastrophale Kollisionen, zu denen es auch kam.[110]

Es existieren viele blockfreie Staaten, die selbst regionale Machtansprüche stellen. Diese Autokratien sind „Wechselwähler", die rein opportunistisch agieren. Einen ähnlichen Opportunismus erkennen wir auch bei uns selbst, wenn der Iran, Venezuela und Katar Energie liefern sollen, damit Russland kapituliert und wir nicht die exorbitanten Rechnungen begleichen müssen. Moralisch hilft uns die geostrategische Bedeutung dieses Verhaltens, wenn damit der Krieg beendet oder verkürzt werden könnte. Was machen wir danach?

Die ungezielten Sanktionen treffen leider die Schwächsten am stärksten. In Venezuela kam es nach den einschneidenden Sanktionen zu einer nie dagewesen Fluchtbewegung in die Nachbarstaaten. Jetzt

---

[109] Von Schwerin 2022, o.S.
[110] Frank 2018, o.S.

könnte sich der Staat wieder berappeln, wenn der Westen bei der Reaktivierung der maroden Förderanlagen hilft. Die politischen Entscheidungen lösen ganze Völkerwanderungen aus, sowohl in die eine wie in die andere Richtung. Jetzt muss Russland einer Kur unterzogen werden, die auch Nazi-Deutschland erfahren hat. Die Volksempfänger-Nationen lernen nicht durch Medien, sondern über internationale Gerichtsbarkeit. Die Nürnberger Prozesse sollten eine Blaupause sein.

6. Abhängigkeiten: Seltene Erden, Kupfer, Lithium und Mikrochips

Die Irrtümer über Vorkommen und Chinas Zugriff auf strategische Rohstoffe

Das Privileg der russischen Volkswirtschaft bezüglich Bodenressourcen wurde bereits ausreichend thematisiert; ebenso die komplementär schwache industrielle Entwicklung. Auch dass Russland den Krieg nur verlieren kann bzw. ihn schon verloren hat, ist wiederholt begründet worden. Es bleibt für Russland lediglich die Rolle eines Beschaffungsmarktes für China. Und ohne China wäre selbst die russische Militärindustrie anachronistisch schwach, wenn die Mikrochips ausbleiben sollten.[111] Aber selbst die Volksrepublik China steht nicht an der Spitze der Nahrungskette. Das genau hatten Glüsing et al.[112] im *Spiegel* bezüglich Seltener Erden angenommen, als sie China als mächtiger als das erdölproduzierende Kartell OPEC darstellten. Erdöl-Lieferanten sind in ihrer Eigenschaft längst nicht so tief in internationalen Wertschöpfungsketten und Märkten verflochten wie Produzenten der High-Tech-Technologie, die durch diese Verstrickung anfälliger für Gegenreaktionen sind.

Abhängigkeiten und Verflechtungen sind geopolitisch interessant. Das hat uns der Ukraine-Krieg mehr als verdeutlicht. Der Westen muss die Energiepolitik auf Autonomie ausrichten und die Binnenmärkte stärken. Die Diskussion um einen Rückzug der westlichen Industrien aus China, um die Abhängigkeit vom großen autokratischen Reich zu minimieren, ist sinnvoll. Es muss aber kein panischer Exodus sein, denn auch China ist abhängig vom Absatz auf westlichen Märkten. Wirklich spannend sind die modernen Beschaffungs-

---

[111] Adam Tooze in der NYT vom 01.03.2022: „Aber auf der anderen Seite müssen die Chinesen offen gesagt auch das Gefühl haben, dass sie sich an eine Art abtrünnigen Elefanten des Militarismus und der Fehler angehängt haben." (Übersetzung, T.E.)

[112] Glüsing et al. 2021, S. 15.

märkte; und in diesem Kontext kursieren einige Irrtümer über die chinesische Omnipotenz.

Seltene Erden sind das „moderne Öl"

Das „Schreckgespenst" heißt „Seltene Erden" (REE)[113]. Um es vorwegzunehmen: Weder Lithium noch Kobalt zählen zu diesen Stoffen, sind aber auch strategisch relevant. China wird uns dennoch nicht an der Produktion von E-Auto-Batterien hindern können.

Zu den REE zählen die leichten Metalle Lanthan, Cerium, Praseodymium, Neodym, Samarium und die schweren Metalle Europium, Gadolinium, Terbium, Dysprosium, Holmium, Erbium, Thulium, Ytterbium, Lutetium, Yttrium und Scandium.

REE verbessern die Leistung von Katalysatoren, Röntgengeräten, Lasern, Smartphones, Monitoren, Kampfjets[114] etc. Auch werden REE für starke Magnete in Elektroautos und Windkraftanlagen eingesetzt. China hatte bereits sein „Quasi-Monopol" für Embargos als Mittel im Streit mit Japan um territoriale Ansprüche wirken lassen. In 2011 wurden außerdem die Preise extrem angehoben. Die Restwelt war gewarnt:[115] Mitte 2019 wurde in Europa ein globaler Branchenverband (Rare Earths Industry Association, REIA) zur Absicherung von REE-Lieferungen gegründet.[116] Ende 2020 gründete die EU die Rohstoffallianz ERMA[117], die sich auf Mineralien für die Energiewende fokussiert.[118] Die Abkehr von fossiler Energie lässt den Bedarf an REE bis zum Jahr 2050 auf das Zehnfache steigen: Windräder, E-Mobilität etc.

Schon der Begriff „REE" ist ein Widerspruch in sich, denn diese Erden sind nicht selten. Entdeckung und Begriff stammen aus dem 18. Jahrhundert. Es sind Oxide, die als „Erden" bezeichnet wurden.

---

[113] Rare Earth Elements.

[114] Der US-Kampfjet F-35 verbraucht 427 kg REE, die überwiegend aus China bezogen werden (Manager-Magazin 2022, o.S.).

[115] Zajec 2010, o.S.

[116] Cole 2019, o.S.

[117] European Raw Materials Alliance.

[118] Handelszeitung 2021a, o.S.

Der Schatz sind die Metalle in den Mineralien, von denen angenommen wurde, dass sie selten seien. Inzwischen ist dieser Irrtum in der Wissenschaft ausgeräumt und kursiert nur noch in öffentlichen Diskursen. Diese Metalle kommen auf der ganzen Welt vor, sind aber nur sehr aufwendig vom Mineral zu trennen.[119]

Der Vorgang ist umwelt- und gesundheitsbelastend. Ein Grund für den Westen, auf das Heben und Verarbeiten der REE zu verzichten und sie raffiniert einzukaufen. Ein weiterer Aspekt ist der geringe Anteil – oft unter 5 Gewichtsprozent – der (weichen) Metalle in den Mineralien. Ein aktuell wirtschaftlich rentabler Abbau beginnt ab 5 %. Ein Erzabbau ist auch bei geringerem Anteil effizient, wenn gleichzeitig Eisen, Uran oder andere Metalle in dem Erz vorhanden sind: eine Art Kuppelförderung.

Die Gefahr einer China-Russland-Achse

Abbildung 19 ist furchteinflößend, denn sie zeigt, dass China und Russland über fast 50 % der Vorkommen verfügen, unter BRICS wären es fast 70 %. Der Wert ist aber auch umkehrbar. Es sind 50 % Vorkommen an REE auch außerhalb dieser neuen „Strategischen Allianz" China-Russland vorhanden.

Die World-Trade-Organisation (WTO) hatte das chinesische Embargo gegen Japan verurteilt und China hatte schon vor diesem Entscheid die Lieferbeschränkungen zurückgezogen. China selbst ist auch nicht unabhängig von REE-Lieferungen. Nach dem Putsch in Myanmar stockten die Lieferungen an China, das deutlich mehr REE verarbeitet, als es selbst fördert. China setzt REE nicht mehr als „politische Waffe" ein, denn Gegenreaktionen sind unausweichlich. Aber die Geister sind nicht mehr zu vertreiben. Auch die USA haben seitdem die Anstrengungen bezüglich REE erhöht. Von 1965 bis 1995 dominierten die USA sogar die Produktion von REE, bis die Globalisierung die Dominanz nach China verschob.[120] Nun wird viel Geld in die Hand genommen, um die Richtung umzudrehen. Minen in Kanada, Australien und Grönland werden von den USA finanziell unterstützt.

---

[119] ISE 2022, o.S.

[120] Deutscher Bundestag 2022, o.S.

Die EU setzt auf Vorkommen in der Ukraine und in Serbien. Angesichts des aktuellen Konflikts sind das noch alles andere als sichere Vorhaben. Vorräte sind auch in Skandinavien vorhanden.

Anteile an Produktion und Vorkommen an Seltenen Erden (REE)
im Jahr 2018

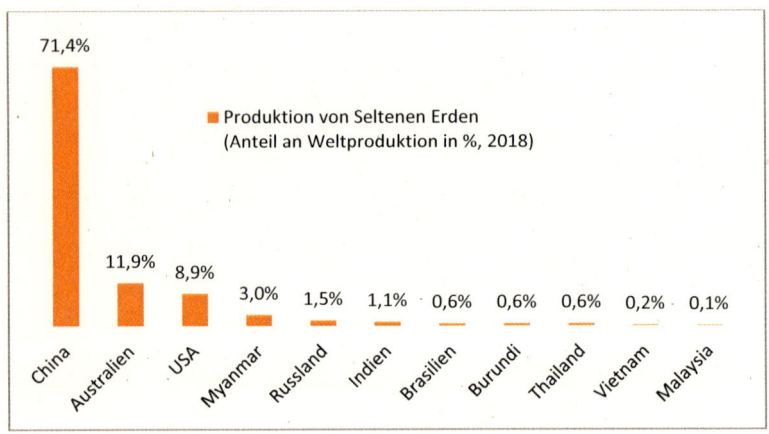

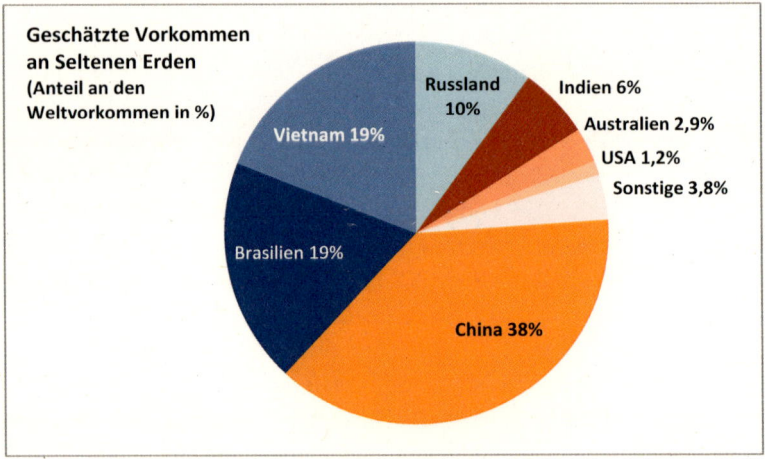

Abbildung 19: Anteile von Vorkommen und Raffinerien von REE im Jahr 2018
Quelle: DZ BANK, USGS

Auch ist der Einsatz von REE nicht alternativlos. Lanthanintensive Energiesparlampen wurden durch LED-Technik ersetzt, was den Verbrauch an REE deutlich senkt. Die Automobilindustrie (BMW, Mercedes, Audi, …) nimmt inzwischen Abstand von Permanent-Magnaten (Neodym-Einsatz) für die E-Motoren. Nur Tesla macht den Trend leider nicht mit, was die Preise für diesen Stoff nach oben treibt. Tesla setzt wohl auf Recycling. Recycling ist aber aufgrund der geringen Mengen von REE in den Produkten extrem aufwendig und wenig wirtschaftlich.[121]

Die Recycling-Quote muss deutlich gesteigert werden, um den Importdruck zu mildern (Abbildung 20). Darüber hinaus werden immer neue Vorkommen an REE entdeckt[122], so dass auch von dieser Seite das chinesisch-russische Oligopol limitiert ist. Das Recyceln aller alten ausrangierten Mobiltelefone würde allein Kobalt (kein REE) für vier Millionen Autobatterien hervorbringen.[123]

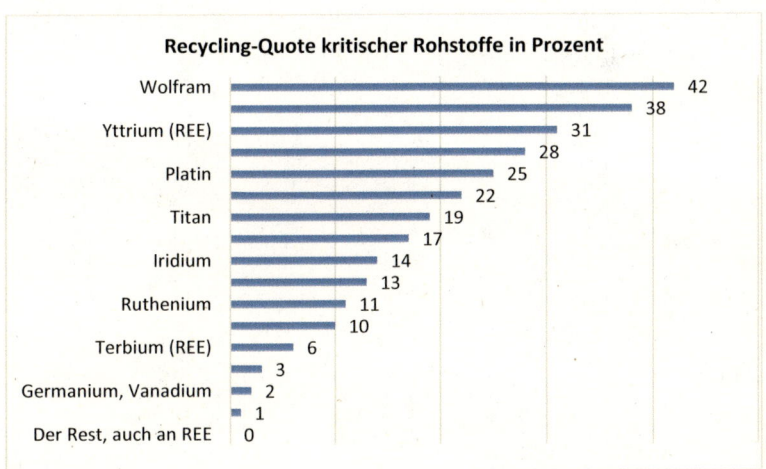

Abbildung 20: Recycling-Quote kritischer Rohstoffe

Daten: https://www.datawrapper.de/_/S3Z21/ (2020)

[121] BR Wissen 2022, o.S.
[122] Ruiz Leotaud 2021, o.S.
[123] Simon 2020, o.S.

Kupfer ist ein strategischer Rohstoff gegen China und Russland

Der Kupferverbrauch steigt mit dem Konsum an elektrischen Aggregaten und Leitungen. Auch hier liegt China deutlich vor anderen Nationen, was sich nicht nur mit der Bevölkerungszahl erklären lässt,
sondern auch mit dem beträchtlichen Exportüberschuss besonders bei
elektronischen Geräten. Der Westen hat durch Direktinvestitionen in
China die Kupferverarbeitung verlagert und importiert die fertigen
und halbfertigen Erzeugnisse.

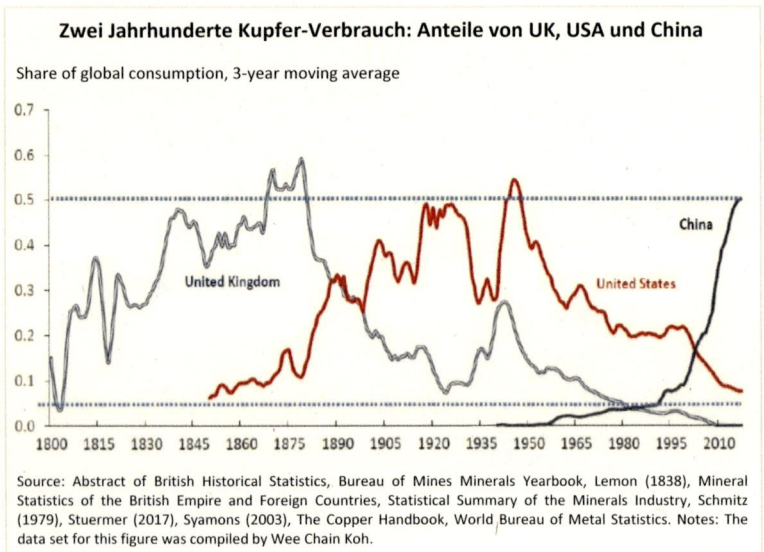

Source: Abstract of British Historical Statistics, Bureau of Mines Minerals Yearbook, Lemon (1838), Mineral
Statistics of the British Empire and Foreign Countries, Statistical Summary of the Minerals Industry, Schmitz
(1979), Stuermer (2017), Syamons (2003), The Copper Handbook, World Bureau of Metal Statistics. Notes: The
data set for this figure was compiled by Wee Chain Koh.

Abbildung 21: Zwei Jahrhunderte Kupfer-Verbrauch von UK, USA und China

Quelle: https://thedocs.worldbank.org/en/doc/837691583793213198-0050022020/
render/BaffesWVUMarchR.pdf

In den Jahrhunderten davor – industrielle Revolution und Weltkriege –
waren es UK und die USA, die das Kupfer raffinierten, weil die Option
eines Outsourcings noch nicht bestand. Im Gegensatz zu den REE er-
gibt sich für China nicht die Lage einer hochgradigen Selbstversor-
gungsoption. Die Vorkommen an Kupfer sind anders gelagert, wie Abbildung 22 zeigt. China verbraucht das Mehrfache dessen, was es fördert.

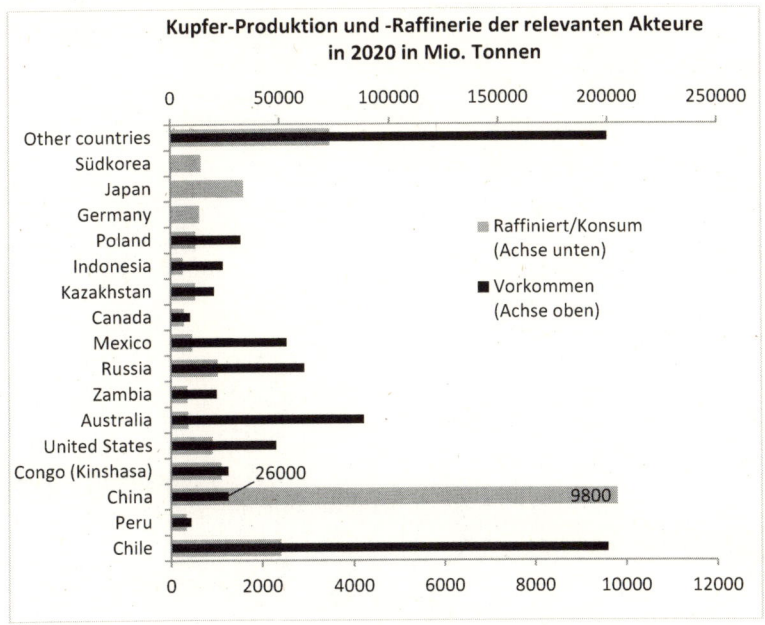

Abbildung 22: Vorkommen und Raffinerie (Konsum) von Kupfer nach Regionen in 2020

Daten: https://pubs.usgs.gov/periodicals/mcs2021/mcs2021-copper.pdf. ©te

Abbildung 22 hebt die besondere Stellung Lateinamerikas in der internationalen Verblockung hervor. Der partnerschaftliche Handel von EU und USA mit den Staaten Chile, Peru und Mexiko wird immer notwendiger, wenn die Rohstoff-Hegemonie Chinas durchbrochen werden soll. Auch Indonesien und Kongo sind nicht zu vernachlässigen. China hat vergleichsweise wenig Kupfer und in Anbetracht der Abbildung würde Chinas Vorrat nach 2 bis 3 Jahren erschöpft sein. Selbst mit russischer Hilfe wäre nur ein Jahrzehnt überbrückbar. Ähnlich sieht es mit den anderen Basis-Metallen wie Aluminium, Eisen und Zink aus. Chinas Anteil am Welt-Kupfer-Konsum liegt bei 50 %, während der Anteil Anfang der 1990er Jahre noch deutlich unter 10 % lag.[124] Das schmälert das Erpressungspotenzial der beiden Autokratien China und Russland erheblich.

[124] Baffes 2020, o.S.

Der Ukraine-Krieg 2022 hat den Begriff „Strategische Rohstoffe" über das ökonomische Format hinaus in die machtpolitische Sphäre der Geopolitik befördert. Jedoch ist es nicht allein der Rohstoff, sondern es sind auch die Stufen nach dem Rohstoff in der Wertschöpfungskette. Die Verknappung an Mikrochips, die zum Stillstand einiger Automobil-Produktionsstraßen führte, hat den westlichen Industrienationen auch diese andere Seite der Abhängigkeit vor Augen geführt. Und die Mikrochips wiederum sind ebenfalls mit speziellen Rohstoffen bestückt. Es wird nicht transparenter.

Ein weiterer Angst-Faktor: Lithium

Ohne Lithium geht nichts mehr, wenn es um moderne Technologie geht. Lithium ist allgegenwärtiger als gemeinhin angenommen wird. Es ist Bestandteil von Glas, Keramik, Medikamenten und Trinkwasser und sogar im menschlichen Körper minimal auffindbar.

Lithium ist darüber hinaus ein hervorragender Leiter von Energie und Wärme. Mit diesem Rohstoff ist deshalb die Ansteuerung und der Bau von Akkus, Batterien, Smartphones, E-Autos und vielen anderen elektronischen wie elektrischen Aggregaten besonders effizient. EU-Kommissions-Vizepräsident Maros Sefcovic führte dazu aus:

> „Lassen Sie mich ein Beispiel nennen. Der Bedarf Europas an Lithium, das in Elektroautos und Akkus verwendet wird, wird bis 2030 18-mal und bis 2050 60-mal größer sein. Industriezweige wie die Luft- und Raumfahrt, das Baugewerbe, die Automobilindustrie und andere energieintensive Industrien – die alle in hohem Maße von einem sicheren Zugang zu Rohstoffen abhängig sind – werden bis 2030 insgesamt zwei Billionen Euro an wirtschaftlicher Aktivität ausmachen und über 30 Millionen Menschen beschäftigen."[125]

Bei Nutzung der europäischen Lithium-Reserven könnten bis zum Jahr 2025 80% des Bedarfs gedeckt werden. Die EU hat dafür Gelder bereitgestellt und es sollen 4 entsprechende Bergwerke installiert werden. Der Bergbau ist also nicht „tot", er verlagert sich in den Bereich der Hochtechnologie. Auch ist Lithium nicht auf China kon-

---

[125] Simon 2020, ebenda.

zentriert, sondern findet sich vorwiegend in Südamerika und Australien. Darüber hinaus ist es auf der ganzen Welt vorhanden – nur in geringerer Konzentration.

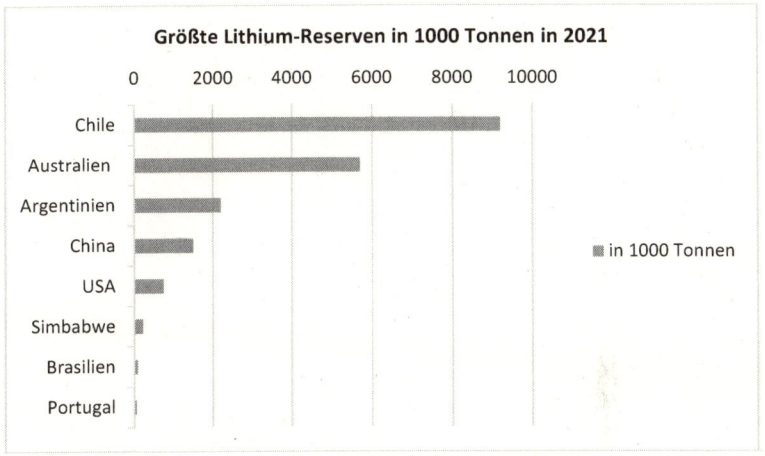

Abbildung 23: Vorkommen von Lithium nach Regionen in 2021

Daten: Statista 2022. ©te

Lithium, Bauxit (Aluminium-Erz), Titan (Stahlveredelung) und Strontium (Magnete/Leuchtstoff in Monitoren) sind von der EU als neue strategische Rohstoffe aufgenommen worden. Mit anderen Worten: Diese Rohstoffe sind nicht nur knapp, sondern auch nicht schrankenfrei (EU-Zollkontrollen) lieferbar.

Die „Chip-Krise" und die Semiconductor-Oligopole

Die Chip-Krise hat besonders die Automobil-Branche getroffen, weil dort mehrere Faktoren zusammenkommen. Die Covid-19-Pandemie hat erst die Nachfrage von Kraftfahrzeugen eingebremst und nach Abebben der Einschränkungen neu und heftig belebt. Der deutsche Staat hat dazu noch den Zuschuss für E-Fahrzeuge erhöht und damit die mikrochip-intensiven Automobile gepusht. Der anfängliche Rückgang hat die Kfz-Hersteller zu reduzierten Einkäufen der Chips veranlasst und damit eine Umorientierung der Chip-Hersteller wie TSCM[126], Samsung und Intel ausgelöst. Chips der Computer- und Smartphone-Industrie sind durchschnittlich leistungsfähiger und damit auch werthaltiger als die Chips der Kfz-Industrie. Die Automobilbauer sind im Ranking der Kundschaft zurückgefallen und müssen sich hinten anstellen. Der Nachfrageüberhang kann nur langsam abgebaut werden. Eine Chip-Produktion lässt sich auch nicht so ohne Weiteres ausdehnen. Die Anforderungen sind hoch, denn es gilt inzwischen Nano-Technologie (1/Millionstel) in Richtung 5nm:

- Staubfrei: Max. 35 Partikel dürfen sich einem Liter Luft befinden, ca. ein Hundertstel reinster Gebirgsluft.

- Ständig gefilterter Luft-Strom in den Räumen. Eingesetztes Wasser, Gase und Chemie müssen frei von Verunreinigungen sein.

- Maschinen sind schwingungsfrei aufzustellen.

- Decken und andere Bau-Elemente müssen Schwingungen auffangen und sind entsprechend stark auszulegen.

Der Bau dauert eher 3 als 2 Jahre und ein Chip ist erst nach Monaten gefertigt. Es sind bis zu 1.200 Arbeitsschritte notwendig. *Infineon* hat ein Werk im österreichischem Villach für 1,6 Mrd. Euro im Jahr 2021 eröffnet. Die Planung begann 2018.[127]

Aufgrund der hohen fixen Kosten müssen diese Produktionen einen bestimmten Output erzielen und es gilt das Gesetz der Fixkostendegression: je mehr, desto besser und je hochwertiger, desto mehr Profit. Die Knappheit der *Fabs*[128] bestimmt die Preise und Lieferreihenfolge. Auch das musste die EU erst schmerzlich erfahren. Diese Branche lebt vom „Economies of Scale". Die Verwendung von hochkarätigen Halbleitern ist so mannigfach, dass ein Lieferverzug ganze Branchen in Nöte bringen kann. Die Kfz-Branche musste teilweise analoge Tachos verbauen, um überhaupt ausliefern zu können. Die Chips für digitale Produkte waren nicht verfügbar.

---

[126] Taiwan Semiconductor Manufacturing Company; nach Samsung und Intel der drittgrößte Chip-Produzent.
[127] Rührmair 2021, o.S.
[128] Das ist die Bezeichnung für Halbleiter-Fabrikationen.

Die Mikrochip-Problematik zog sich bis nach Hamburg-Lokstedt

Irgendwann schwante es den westlichen Industrieländern, dass die Mikrochip-Technologie zur Achillesferse auch anderer Produkte und Wertschöpfungsketten werden könnte. Der Technologie-Konzern und Mikrochip-Hersteller *Broadcom* aus Singapur schickte sich an, den horizontalen US-Wettbewerber *Qualcomm* für 140 Mrd. USD zu übernehmen. Die Trump-Administration verhinderte den Deal mit Verweis auf die nationale Sicherheit. Später wurde dann auch Chinas *Huawei* aus selbigem Grund vom Google-Betriebssystem Android getrennt. Der Handelskrieg zwischen den USA und China kulminierte mit etlichen Strafzöllen und anderen Behinderungen. Qualcomm wiederum wollte den niederländischen Chip-Hersteller *NXP* (Spin-Off des Philips-Konzerns) mit Sitz auch in Hamburg-Lokstedt aufkaufen. Die Transaktion war kurz vor dem Finale, als die chinesische Kartellbehörde als neunte von neun Behörden[129] die Zustimmung hinauszögerte und den Deal so zum Platzen brachte. Acht nationale Kartellämter hatten bereits die Zustimmung gegeben. China sorgte sich um einen weiteren technologischen Vorsprung durch den Aufkauf von NXP, das auf Chips für Elektromobilität und autonomes Fahren spezialisiert war.[130] Die Offerte von 44 Mrd. USD wurde letztlich nicht wirksam, Qualcomm nahm vom Vorhaben Abschied und zahlte NXP eine Vertragsstrafe von 2 Mrd. USD. Qualcomm wurde damit zum ersten prominenten Opfer des US-chinesischen Wirtschaftskonflikts.

Die Semiconductor- bzw. Halbleiter-Branche zählt nicht erst seit dieser gescheiterten Mission in 2018 zu den beliebtesten Übernahmefeldern. Der Bedarf an hochmodernen Mikrochips wächst exponentiell und die Kapazitäten sind nicht mit einem Fingerschnippen auszubauen.

---

[129] Die chinesische Kontrolle (State Administration for Market Regulation *SAMR*) lehnt sich stark an die EU-Regelung an. Die Zustimmungen der nationalen Behörden betreffen die Märkte der fusionierenden Unternehmen. Es soll zum Schutz der nationalen Wettbewerber geprüft werden. Zwischen den Wirtschaftsnationen bestehen Vereinbarungen über das Prüf-Procedere.

[130] Schalow 2022, o.S.

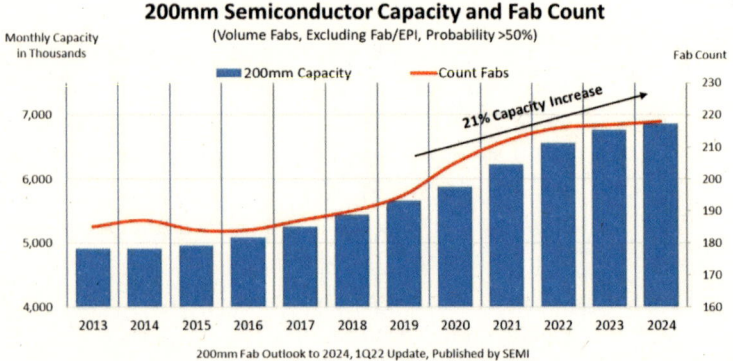

Abbildung 24: Entwicklung der monatlichen Kapazität und Anzahl der Produktionsstätten

Quelle: https://www.semi.org/sites/semi.org/files/inline-images/200mm%20Chart.JPG

Abbildung 24 zeigt in der rechten Achse die Anzahl der Fabs von ca. 215 im Jahr 2022. Das ist gemessen an der Produktionsmenge von ca. 580 Milliarden ICs[131] mehr als handverlesen. Das obige Diagramm zeigt nur die Anzahl der 200mm-Wafer.[132] Einige große Fabs verarbeiten 300mm- 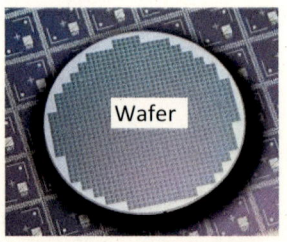 Wafer. Auch hier gilt wieder *Economies of Scale*. Die erste Fab dieser Art wurde von TSMC aus Taiwan im Jahr 2000 eröffnet. Für das Jahr 2026 werden auch Fabs für 450mm-Wafer erwartet.

TSMC ist es wert, näher betrachtet zu werden, denn hier wird deutlich, dass nicht nur die Internet-Konzerne immense Ergebnisse erzielen, sondern auch Stufen der Hardware-Ausrüster.

Beachtlich ist der Vergleich vor allem deshalb, weil es sich hierbei um materielle Produktionen mit fixen und variablen Kosten und damit auch um Grenzkosten handelt: Jede weitere Produktionseinheit verbraucht Material, anders als z.B. beim Absatz von Software-Pro-

---

[131] IC = Integrated Circuit = Integrierter Schaltkreis.
[132] Runde Waffel, manchmal auch rechteckig, auf der sich die integrierten Schaltkreise (ICs) befinden. Die ICs sind verschieden groß und auch der Wafer kann größer sein.

dukten, die fast nur aus First-Copy-Costs bestehen, also nur aus Entwicklungskosten.

TSCM hat nicht die Wachstumsgeschichte der GAFAM[133], weil der selbstverstärkende Netzwerkeffekt fehlt; aber die Umsatz-Rendite liegt mit exorbitanten 40% verglichen mit den GAFAM sogar leicht über deren Level. Hinzu kommt, dass TSCM in Taiwan noch weniger Steuern zahlt als die GAFAM mit ihren Steuervermeidungs-Programmen via Irland/Niederlande und den karibischen Inseln.

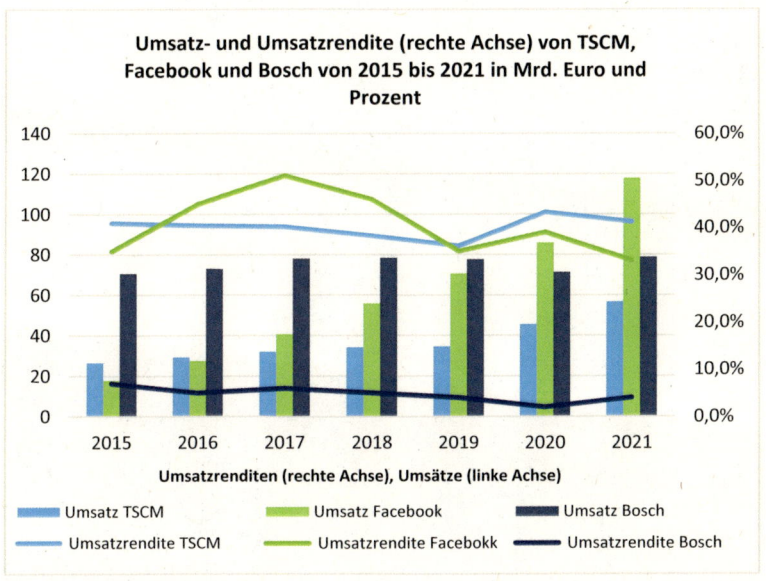

Abbildung 25: Umsatz und Umsatzrendite von TSCM, Facebook und Bosch GmbH von 2015 bis 2020

Daten: Finanzen.net und Bosch-Geschäftsberichte. ©te

Damit ist die Investitionskraft der taiwanesischen Company besonders hoch und der Abstand zum Rest der Fabs wird eher größer. Die Bosch GmbH liefert in dem Vergleich von Abbildung 25 einen Anhaltspunkt für die Rolle der „Old Economy". Dabei handelt es sich immer noch um ein großes modernes Unternehmen, das mit IT-Lösun-

---

[133] Google, Apple, Facebook, Amazon und Microsoft.

gen für den Automobilbau und „grüne Energie" (Wärmepumpen-
Heizungen etc.) unser Leben nicht unerheblich prägt. Bosch hat Ende
2021 eine Chip-Produktion von 300mm-Wafern in Dresden eröff-
net[134] und ist damit erstens ein neuer Faktor zur Entspannung am
Halbleiter-Markt und zweitens auf dem Weg in die Ökonomie der
Zukunft, den TSCM, Samsung und Intel vorgezeichnet haben.

Die globale Aufteilung der Kapazitäten ist aus europäischer Sicht
ernüchternd. Europa und selbst Nord-Amerika haben sich in den letzten Jahrzehnten industriepolitisch passiv verhalten. 75% der Fab-
Kapazitäten sind in Ostasien beheimatet und in den Jahren von 2020
bis 2022 sind von 29 Fabs wieder 20 in Ostasien angeschoben worden.[135] Europa ist mit 3 Fabs wenigstens über dem Level von Japan
und Südkorea. Der Weg wird ein weiter sein.

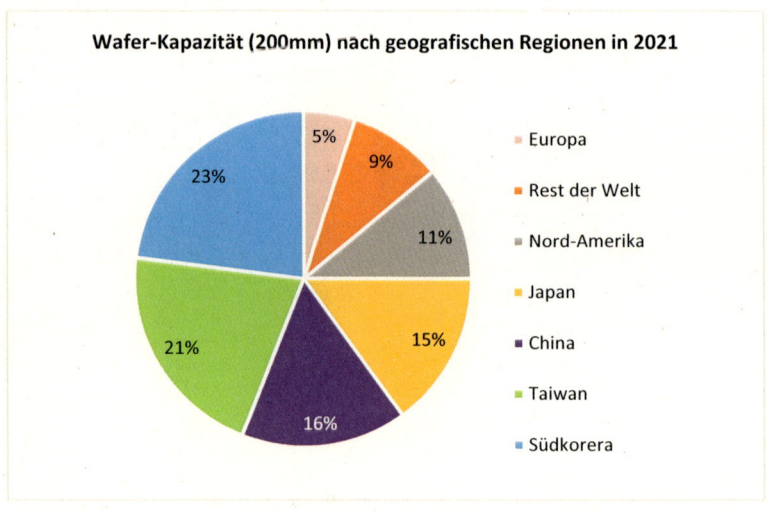

Abbildung 26: Kapazitätsanteile (Jahr 2021) an Mikrochip-Produktionen nach Regionen

Daten: Knometa Research, Global Wafer Capacity 2022. ©te

---

[134] Lücke 2021, o.S.
[135] Manners 2021, o.S.

Aus geopolitischer Sicht ist China mit einem Anteil von 16% nicht in der Rolle des Dominators, allerdings betrachtet die Volksrepublik China Taiwan als territorial zu ihr gehörig.[136] Auffällig ist die Abstinenz Russlands, wenn es um High-Tech geht. Industriepolitisch ist die russische Föderation eine Null, was auch geopolitische Auswirkungen hat. Es besteht keine volkswirtschaftliche Kraft, um die geopolitischen Visionen einer Rückkehr zu den Grenzen der Sowjetunion umzusetzen. China hat diese Potenz und mit Blick auf Taiwan wird der Krieg mit der Ukraine zum Anschauungsprojekt für Pekinger Strategen: Wie weit geht der Westen in der Verteidigung des Status quo?

China zwischen Absatz im Westen und Beschaffung im Osten

Die Beschaffungs- und Rohstoffmärkte sind Stressfaktoren für die westlichen Industrieländer. Eine Monopolstellung – also ohne Substitutionsoptionen – Chinas ist nicht erkennbar, auch wenn aktuell der Einfluss sehr groß ist. Kupfer und andere Basismetalle dämpfen Chinas Begehren erheblich. Die westlichen Industrienationen haben erkannt, dass die Abhängigkeiten nicht nur wirtschaftlich schaden können, sondern auch geopolitisch wirksam sind. Eine eigene starke Industrie und Ressourcensicherheit sollten im Vordergrund stehen.

Der Hochfrequenz-Asset-Handel und Dienstleistungen allein helfen nicht weiter. Der Vorwurf an Deutschland, die Industrie von Dingen zu bevorzugen, anstatt wie Frankreich den Weg einer Dienstleistungsgesellschaft zu gehen[137], verkennt den autonomen Charakter von haptischen Gütern: Aktien und Apps kann man nicht essen. Traktoren und Mähdrescher müssen hergestellt werden, damit die Landwirtschaft die existenziellen Verbrauchsgüter erzeugen kann. Energie kommt nicht aus den Finanzzentren und bald vielleicht auch nicht aus russischen Pipelines, sondern aus der Nutzung intelligenter Maschinen der Industrien, wie es Windräder und Solar-Systeme sind. Dazu werden aber auch die Ressourcen von Schwellenländern jenseits der China-Russland-Allianz benötigt. Darauf wird die außenpolitische Strategie auszurichten sein. Diese Staaten sollten hofiert werden, je demokrati-

---

[136] Taiwan sieht das naturgemäß anders, so dass der Marktanteil bei 16% liegt.
[137] Hagelüken 2022, o.S.

scher, desto mehr. Investitionen in diese Staaten müssen deutliche Mehrwerte auf beiden Seiten hervorbringen. Es sind weniger Gelder (Portfolio-Investments) als handfeste Verbindungen mit verantwortungsvollen Direktinvestitionen und dem Willen von Technologie-Transfers gefragt. Bedingung: stabile menschenwürdige Verhältnisse.

Europa erfährt selbst den Vorzug von guten Investitionsbedingungen. Tesla und Bosch haben nicht grundlos den Produktionsstandort Deutschland (Europa) gewählt. Die industrielle Ausrichtung war sicherlich ein gutes Argument für die Investoren. Diese „Greenfield-Investments" sind weit weg vom Hecheln des Asset-Handels der Finanzmetropolen: Es entstehen moderne Arbeitsplätze. In London werden demnächst einige wegfallen. London(grad) wird das Geld der russischen Oligarchen bald fehlen.[138] Was dann?

China wird sich die Rolle aussuchen müssen. Das Risiko einer Abwendung vom Westen in einer Allianz mit Putin-Russland könnte auch ein potenzieller Exodus an technischer Intelligenz sein. Russland macht es gerade vor. Wer möchte in einem autoritären Staat leben, der keinen Austausch mit westlichen Werten und westlicher Vielfalt hat. China quo vadis? In Hongkong erleben es westlich sozialisierte Menschen gerade, wie das Leben mit Maulkorb verkümmert.

---

[138] Heuer 2022, o.S.

7. Energieabhängigkeiten

Russland profitiert vom wachsenden Energiebedarf

Die Globalisierung besonders nach der Jahrtausendwende mit den vielen Direktinvestitionen in Südost-Asien und den analogen Importen hat die traditionellen Industrieländer in Konkurrenz zu den bevorzugten Billiglohn-Regionen gestellt. Energie wurde damit nicht nur knapp und teuer, sondern Energielieferungen waren auch starken Schwankungen durch Krisen unterworfen. In Asien allerdings nimmt der Verbrauch tendenziell zu. Das begrüßt besonders Russland als starker Ressourcenstaat. Aber auch China verfügt über viele eigene Rohstoffvorräte. Die Abbildungen 27 und 28 zeigen Produktion und Verbrauch von Energie auf. Dabei wird deutlich, welche Regionen mehr verbrauchen als produzieren. Dazu zählt Europa, aber besonders auch Asien. Beide Regionen decken die Lücken mit Importen aus dem Mittleren Osten und Russland.

Pipeline-Erdgas schwächt EU und Euro

Am Gaspreis und der USD-Euro-Relation in Abbildung 29 ist abzulesen, dass der Ukraine-Krieg die Gas-Kurve schlingern lässt. Der Gaspreis schoss nach den Lockdowns nach oben und der Euro verlor nach der Ankündigung einer Leitzinserhöhung durch die FED nochmals über 10%. Seit Juli 2021 sind es gar über 15% Währungsverlust. Der Effekt der FED-Leitzinserhöhung als Mittel gegen „billiges Geld" stärkt den US-Dollar. Die EZB verhält sich dagegen sehr zögerlich und schwächt den Euro mit dieser Haltung. Der Krieg vor der Haustür der EU zehrt ebenfalls mehr an der ökonomischen Substanz als bei anderen Wirtschaftsräumen, was den Euro zusätzlich belastet.

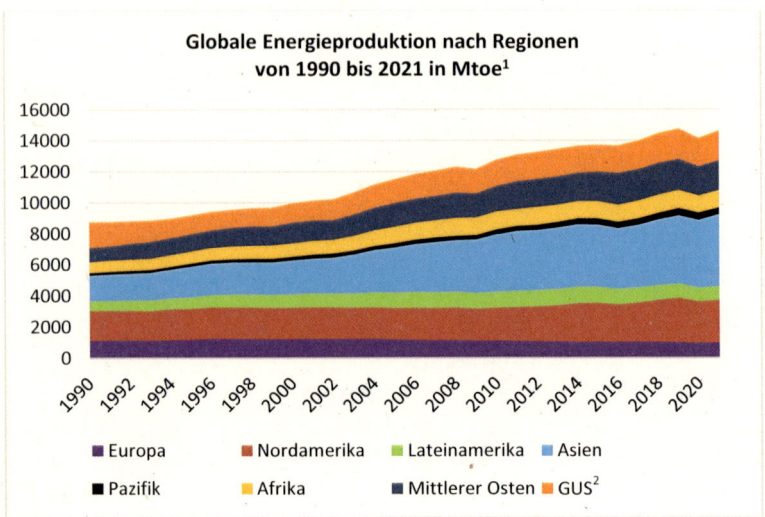

Abbildung 27: Globale und regionale Energie-Produktion

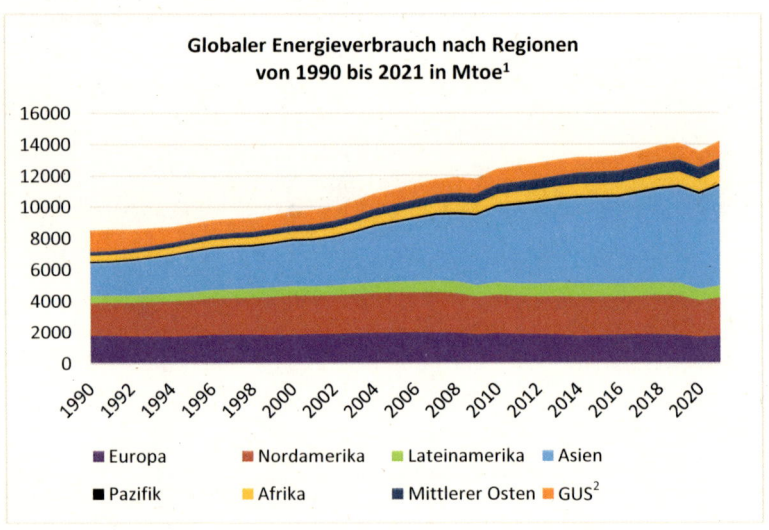

Abbildung 28: Globaler und regionaler Energieverbrauch. ©te

[1] Mtoe: Öl-Äquivalent in Mio. Tonnen
[2] GUS: Russland, Usbekistan, Kasachstan und Ukraine.

Daten: https://energiestatistik.enerdata.net/gesamtenergie/welt-verbrauch-statistik.html.

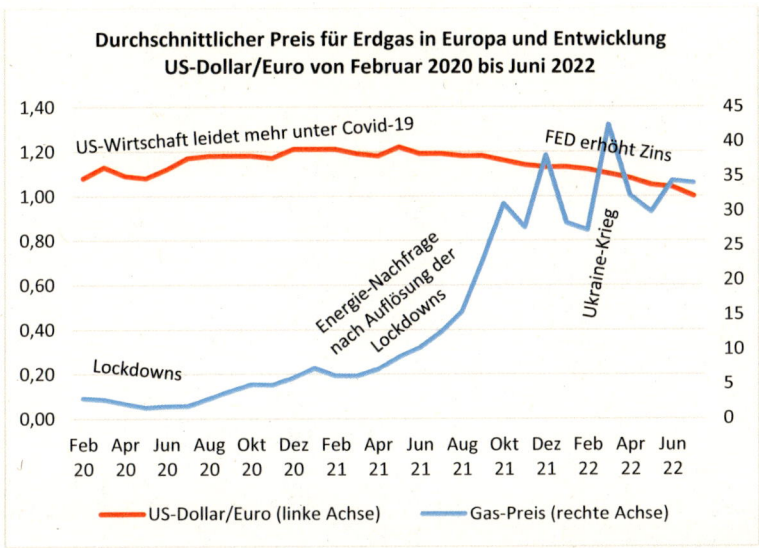

Durchschnittlicher Preis für Erdgas in Europa und Entwicklung US-Dollar/Euro von Februar 2020 bis Juni 2022

Abbildung 29: Erdgas-Nominalpreis in USD je Millionen Btu und Währungsverhältnis USD/Euro

Daten: Statista 2022b, o.S. und Finanzen.net. ©te

Am 12. Juli 2022 waren USD und Euro nach 20 Jahren wieder gleichauf (1:1).[139] Schon vorher konnte eine Schwäche des Euro ausgemacht werden, weil der Energie-Sonderbedarf die energetisch weniger autarken Regionen stärker trifft. Und die USA sind erheblich besser aufgestellt, was die Energie-Selbstversorgung betrifft. Mit EU-Staatsschuldenkrise hat das nichts zu tun. Die währt bereits länger als das akute Problem der Kriegsauswirkungen und der Covid-19-Pandemie.

Ein Blick auf Abbildung 30 reicht fast schon aus, um zu erkennen, wo es zu Engpässen kommt. Deutschland, Italien, Österreich, Polen, Bulgarien und die Slowakei sind besonders abhängig von russischen Lieferungen. Das beruht auf effizienter Lieferung über Pipelines im Gegensatz zum Verschiffen von Flüssiggas (LNG)[140]. Diese Infrastruktur in Verbindung mit langfristigen Verträgen war bis zur Ukraine-Invasion eine scheinbar sinnvolle Geschäftsgrundlage.

---

[139] https://www.finanzen.net/devisen/dollarkurs (Stand 12.07.2022).

[140] Liquefied Natural Gas.

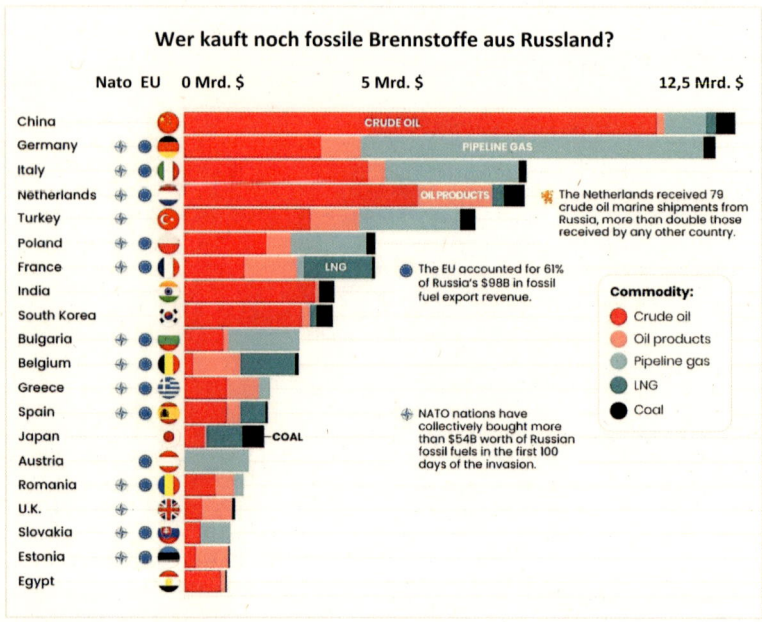

Abbildung 30: Abnehmer russischer Energie-Ressourcen vom 24. Februar bis 4. Juni 2022

Quelle: Centre for Research on Energy and Clean Air
Grafik: Parker/Wadsworth 2022, o.S.

Japan ist vom russischen Gas vollkommen unabhängig und muss nur eine kleine Lücke beim Rohöl schließen. Südkorea hat auch nur ein Rohöl-Problem, zwar ein größeres als Japan, aber auch dieses ist deutlich leichter zu lösen, als Pipeline-Gas ersetzen zu müssen. Die EU bezieht zu über 40 % Erdgas aus Russland und befindet sich damit in einer Geisel-Situation.

Polen und Bulgarien sind „safe"

Polen und Bulgarien wurden bereits Ende April der Gashahn durch Russland zugedreht. Anders als Deutschland hat Polen das Problem früher kommen sehen. Gegenüber dem Redaktionsnetzwerk Deutschland RND hat der Vizeaußenminister Szynkowski vel Sek erklärt:

„Dieser Stopp von Gaslieferungen aus Russland hat uns nicht überrascht, wir haben uns schon seit Jahren gut auf dieses Szenario
vorbereitet und schon seit 2015 schrittweise unsere Abhängigkeit
von russischem Erdgas um etwa 20 Prozent zurückgefahren."[141]

Anscheinend hatte Polen die Krim-Annexion anders bewertet als unsere Appeasement-Spezialisten. Polen wird ab Herbst 2022 Gas über
die Baltic-Pipeline aus Norwegen beziehen. Die Gasspeicher sind mit
80% gut gefüllt und die Option für temporäres LNG-Gas ist ebenfalls
gegeben.[142]

Bulgarien kauft sein Gas, das es zuvor zu 90% aus Russland bezog, zu besseren Konditionen qua LNG-Lösung[143] aus den USA.[144]
Damit verbleiben Deutschland, Italien und Österreich als die Nationen mit hartnäckigen Problemen.

Österreich sucht die Alpen-Connection

Österreich setzt auf die Adria-Alpen-Pipeline, die auch osteuropäische
EU-Länder und teilweise Deutschland mit versorgen könnte. Italien
und Kroatien besitzen LNG-Terminals: eine „neue" Kern-Infrastruk-
tur im Kampf gegen Putins Erpressungsstrategie.[145]

Italien hat LNG-Terminals und mehrere Pipeline-Optionen

Italien bezieht Gas aus fünf verschiedenen Pipelines. Algerien liefert
über 30% des Bedarfs. Auch aus Libyen und Aserbeidschan wird Gas
via Pipeline bezogen. Zu den drei vorhandenen LNG-Terminals kommen noch zwei neue hinzu. Um sich ganz aus der Umklammerung
potenzieller Erpressung zu lösen, wird Italien ähnlich wie Deutschland zwei bis drei Jahre benötigen.[146] Es bleibt schwierig, weil auch die

---

[141] Emendörfer 2022, o.S.
[142] Ebenda.
[143] LNG-Gas ist grundsätzlich eine kostenintensivere Lösung. Die USA haben
möglicherweise einen politischen Preis vereinbart, um Bulgarien zu helfen.
[144] Höhler 2022, o.S.
[145] Der Standard 2022, o.S.
[146] Pongratz 2022, o.S.

Energieindustrie selbst mit Gas versorgt wird. Die Stadt Riva del Garda wird beispielsweise mit russischem Gas universell versorgt bis hin zur Papierfabrikation, die ursprünglich das Gaskraftwerk initiierte.[147]

Die absolute Menge an russischem Gas ist das Problem

In Abbildung 31 sind die Risiken der Abnehmerländer grafisch darge-stellt. Aufgrund der großen Mengen an Kubikmeter Gas sind Deutsch-land, Italien und Österreich gefährdeter als die kleinen osteuropäi-schen Staaten der EU. Diese Staaten können aufgrund der relativ ge-ringen Mengen einfacher substituieren. Deutschlands Risiko mit 13 % russischem Anteil am Energieverbrauch wiegt noch mehr, weil fast die Hälfte des Gases für die industrielle Fertigung genutzt wird. Gas ist in diesem Kontext ein Input-Rohstoff in der Fertigung für Glas, Stahl, Dünger (Ammoniak) etc. Die Substitution durch andere Energieträger

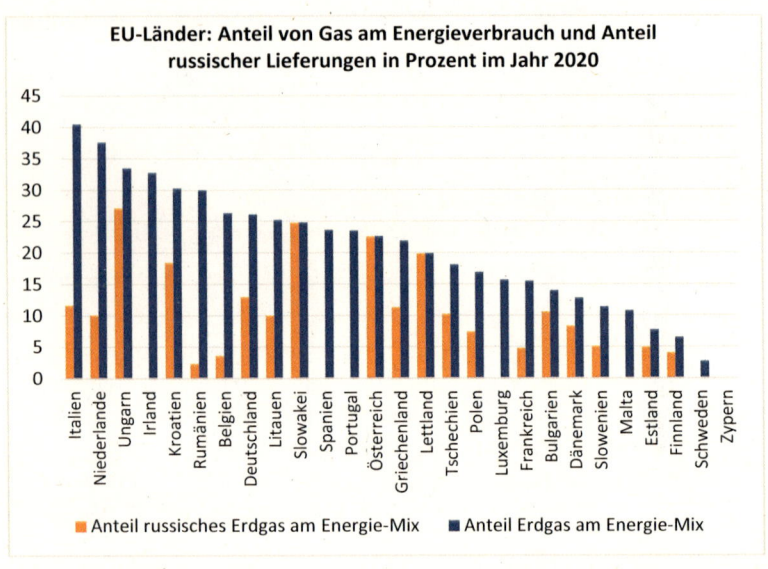

Abbildung 31: Risiken der EU-Staaten bezüglich russischer Gas-Importe

Daten: Eurostat/Gazprom. ©te

[147] Der Autor war selbst vor Ort und hat das Kraftwerk besichtigt.

ist aktuell bei z.B. Glas nicht möglich. Natürlich muss es kein russisches Gas sein, auch nicht unbedingt Erdgas. Aber die benötigten Temperaturen sind nur mit Gas zu erzielen.[148] Auch Biogas wäre einsetzbar; es fehlt aber an den notwendigen Volumina. Wasserstoff – auch ein Gas – ist die mittel- bis langfristige Lösung. Bis dahin werden Brücken-Lösungen außerhalb russischer Optionen gesucht. Die Industrie ist in Deutschland ein besonderes Sorgenkind.

Industrielle Arbeitsplätze mit Gas-Abhängigkeit

Einige Politiker wie Sarah Wagenknecht machen sich Sorgen um die deutschen Arbeitsplätze, da die Gefahr besteht, dass Teile der „unpatriotischen" deutschen Chemie-Industrie das Land verlassen, wenn der Gashahn zugedreht und/oder die Preise stark angehoben werden. Diese Schwächung der deutschen Industrie – Frau Wagenknecht spricht vom Rückgrat – sollte vermieden werden. Die Antwort von Italiens Staatsoberhaupt Mario Draghi auf die Frage eines Journalisten nach Russland-Gas vs. Solidarität mit der Ukraine liest sich wie folgt:

„Wollen Sie Frieden oder eine laufende Klimaanlage?"[149]

Laut Wagenknecht sollte die Lösung aber darin bestehen, die Sanktionen gegen Russland einzustellen, da sie sowohl Russland als auch Deutschland schaden würden.[150] Das ist sachlich richtig, was die kurze Frist betrifft. Die Gasrechnungen der Haushalte und Unternehmen werden unerfreulich sein. Andererseits muss Putins Russland aktuell auf westliche Importe verzichten. Zudem verlassen viele ausländische Unternehmen Russland. Das ist der Schaden und er wird noch viel größer werden, wenn sich die russischen Lager für relevante Ersatzteile leeren.

Das Problem wurde gerade durch die nicht lieferbare Turbine zur Gasverdichtung offengelegt. Das Sanktionspaket der westlichen Staaten untersagt einen Export nach Russland. Gazprom droht mit Lieferstopp, weil dieses Teil nicht geliefert wird. Nach einigem Hin und

[148] König 2022, o.S.
[149] Schubert 2022, o.S.
[150] Beucker 2022, o.S.

Her wird die Turbine des Energietechnikkonzerns *Siemens Energy*, geliefert aus Kanada, von den Sanktionen ausgenommen, um Europa und besonders Deutschland vor einem kalten Winter zu schützen.[151] Das Beispiel belegt vor allem die Verwundbarkeit der russischen Anlagen. Die Verwundbarkeit der EU liegt in der energetischen Abhängigkeit von Russland. In einer friedlichen Welt wäre das eine optimale Ergänzung, im Konflikt ergeben sich Dilemmata.

Russlands Umsätze aus dem Gas-Export sind immer noch sehr hoch, weil der Preis enorm gestiegen ist und es genügend Abnehmer gibt. Das russische Gas ist neben Rohöl das wichtigste Exportgut, aber Russland wird viele Kunden aus dem Kreis von Nato und EU – wie in Abbildung 30 aufgeführt – verlieren. Das wird Russland dauerhaft und strukturell schwächen. Darin besteht der Sinn der Sanktionen. Natürlich sollte die EU nicht den „Gashahn zudrehen", sondern so viel kaufen, wie es nötig ist. Aber was ist nötig? Wagenknecht empfiehlt den Kauf russischer Rohstoffe nach Bedarf, also möglichst viel, weil günstig. Die EU kauft aber nach dem Prinzip: was sich nicht anders beschaffen lässt. Je weniger die EU abnimmt, desto weniger ist sie erpressbar. Das sind unterschiedliche Ansätze. Die EU will Russland maximal schaden, ohne sich selbst zu gefährden und das auch zu höheren Preisen.

Ob die China-Indien-Russland-Allianz greifen wird, um den drohenden Umsatzrückgang für Russland zu kompensieren, bleibt mehr als fraglich. Die Pipelines müssen erst verlegt werden und die Weltkonjunktur wird besonders für China als Hauptabnehmer russischen Öls nicht unbedingt besser, sollte sich diese Allianz verhärten. Wer kauft das mit Öl produzierte China-Plastik bei antagonistischer Blockbildung?

Die Sanktionen sind kein Opfer für nichts

Die Absicht der Sanktionen ist die Schwächung eines despotischen imperialistischen Regimes, das sich finanziell durch den Export von Öl und Gas nährt. Sollte Russland den Krieg gewinnen, steht es deutlich näher vor unseren Toren und denen des Baltikums. Militärische

---

[151] Serif/Maier 2022, o.S.

Ausgaben würden exorbitant in die Höhe schnellen und menschliche
Ressourcen binden, die sonst produktiv sein könnten. Das würde die
deutsche Volkswirtschaft sehr belasten und sollte vermieden werden.
Das günstige Gas hat einigen deutschen Unternehmen besonders
geholfen. Repräsentativ wurde in den letzten Monaten immer wieder
BASF[152] genannt. Der weltgrößte Chemie-Konzern hat sich zu einem
Gas-Embargo absolut ablehnend geäußert, denn ohne ausreichende
Mengen an Gas wäre der Konzern im Kern bedroht. Unternehmen
wie BASF sind inzwischen systemrelevant, da mit dem russischem
Gas, in das BASF mehr als dubios verstrickt ist[153], unzählige Input-
Elemente für andere Branchen gefertigt werden. Diese würden in den
Sog geraten, wenn BASF zum Erliegen käme. Das muss allerdings im
Auge behalten werden und liegt in der Verantwortung der deutschen
Politik. BASF setzt 60 % des Gases für Energie und 40 % als Rohstoff
für die Produktion ein. Da sollte ein Umswitchen zugunsten anderer
Energieträger möglich sein.[154]

Die Maßnahmen für Unternehmen müssten in Richtung einer kre-
ditgestützten Finanzierung höherer Gaspreise austariert werden, sollte
es existenzbedrohend werden. Bei Haushalten sollte je nach sozialer
Lage auch eine nicht rückzahlbare Soforthilfe angestrebt werden. Das
wird für eine gewisse Zeit allseits ungemütlich und zehrt auch am
deutschen Wohlstand.

Eine weitere Option: BASF und andere Unternehmen sind dafür,
dass die Haushalte weniger heizen sollen, um systemrelevante Arbeitsplätze zu erhalten. Das alles ist besser als die verkappte Kapitulation
gegenüber Russland durch Einstellung der Sanktionen, fühlt sich aber
ein bisschen wie Kriegswirtschaft an.[155]

Die Gasnotfallverordnung der EU aus dem Jahr 2017 stellt die
Haushalte in der Versorgungspriorität nach oben. Es wird bei einer
länger anhaltenden Unterversorgung für die Industrie mehr als brenz-
lig. Dann sind die Haushalte nicht nur als solche zu sehen, sondern

---

[152] 2021 wurden 78 Mrd. EUR Umsatz erzielt. BASF beschäftigt weltweit 111 Tsd.
Mitarbeiter, 38 Tsd. in Deutschland.
[153] *BASF* ist mit 73 % an *Wintershall* beteiligt. Die anderen Anteile hält das Unternehmen *Letter One,* das von dem Oligarchen Michail Fridman gegründet wurde.
[154] Fokus 2022, o.S.
[155] Güßgen/Haerder/Salz 2022, o.S.

auch als Arbeitnehmer, deren Existenz bedroht sein könnte und es geht möglicherweise weniger um Interessenausgleich zwischen Kapital und Arbeit, sondern um die Frage nach mehr Wohnkomfort vs. Arbeitsplatz. Da wird die EU-Verordnung[156] nicht weiterhelfen und es muss neu diskutiert werden. Der deutsche Wirtschaftsminister Habeck fordert bereits eine Nachschärfung der Regelung.[157]

Der Fokus: Russland bedroht den Weltfrieden

Ein schwaches oder geschlagenes Russland wäre ein Segen für Weltfrieden, bessere Ernährungssituation und Entwicklungsperspektiven. Sarah Wagenknecht hat schon im Jahr 2017 nach der ersten Krim-Annexion den Stopp der Sanktionen gefordert. Und dieser Überfall war kein Ausrutscher, sondern eine Etappe in der Abfolge von Tschetschenien, Georgien, Krim, Donbass und Aleppo (Syrien).

> „Ich sehe nicht, dass Sanktionen irgendetwas an der Situation verändern. Und niemand ist hoffentlich so verrückt, wegen der Krim einen militärischen Konflikt mit Russland zu riskieren. Wir sollten wieder an die Tradition der Entspannungspolitik anknüpfen und uns um ein gutes Verhältnis zu Russland bemühen. Die Sanktionen schaden unserer Wirtschaft und die Konfrontationspolitik gefährdet Sicherheit und Frieden in Europa." (Wagenknecht im Jahr 2017 im RP-Online-Interview)[158]

Die gute Finanzlage durch Einnahmen aus Energieexporten (Entspannungspolitik?) hat Russland wieder zum alten Aggressor werden lassen. Die Demokratie war nur eine ganz kurze Periode, in der sich Kleptokraten und Oligarchen orientiert hatten. Danach wurde sie abgeschafft und Russland suchte einen Weg zurück ins Imperium vergangener Stärke. Die Sanktionen sind eine von mehreren Reaktionen der westlichen Industrienationen, um Russland zu schwächen. Der Umgang mit Energie ist eine Schlüsselposition, um die Sanktionen nicht ins Leere laufen zu lassen.

---

[156] EU 2017, S.4
[157] Seif 2022, o.S.
[158] Mayntz/Kessler 2022, o.S.

8. Russische Oligarchen in der Schweiz und in London(grad)

Die Schweiz ist das Giftfass im internationalen Handel

Ist es ein Zufall, dass viele Russen – und darunter relativ viele Oligarchen – in den beliebtesten Regionen Europas leben, die auch gleichsam die bedeutendsten Rohstoff-Handelsplätze und bekannte Steueroasen sind? Und in der Schweiz sind zudem große global operierende Rohstoffhändler ansässig. Im Goldexport ist das Land global führend, obgleich die letzte Mine im Tessin 1961 geschlossen wurde. Die Rolle der Schweiz im Rohstoffhandel ist noch diskreter als die unrühmlichen Verdunkelungen von Geldwäsche und Steuervermeidungshilfen. Und nicht selten treffen diese Merkmale zusammen. Unter den 10 größten Schweizer Unternehmen sind 7 Rohstoffhändler. Wider Erwarten sind nicht die Schweizer Banken und Versicherungen und auch nicht *Nestle*, *Roche* oder *Novartis* führend. Auf den ersten 5 Plätzen rangieren Rohstoff-Broker. Der nationale Anteil dieses Transithandels am Schweizer BIP lag in 2020 bei knapp 8%, wovon aber ein Teil auf Pharma-Erzeugnisse entfällt.[159] Die multinationalen Umsätze der Rohstoffhändler übersteigen das BIP deutlich. *Trafigura*, *Glencore* und *Vitol* sind größer als der Internetkonzern *Facebook* (*Metaverse*).

Das Kuriosum: Die Schweiz hat keinen Meerzugang und so gut wie keine eigenen Rohstoffe, ist aber im Handel mit mehreren der wichtigsten Rohstoffe global führend. Genf ist neben London der wichtigste Handelsplatz für Erdöl und Erdölprodukte. 35% des globalen Öls und 35% des europäischen Handels mit Getreide und Ölsaaten[160] werden in der Alpen-Republik und in London abgewickelt.[161] Insgesamt werden ca. 20% der globalen Rohstoffe über die Schweiz

---

[159] Abberger et al. 2020, S. 32.
[160] Lannen et al. 2016, S. 2.
[161] Etzensberger/Maurer 2008, o.S.

gehandelt[162], die ca. 0,1 % der Weltbevölkerung stellt. Houston, Dubai, Shanghai und Singapur sind neben London und New York die Hauptwettbewerber der Schweiz.

	Unternehmen	Stadt	Kanton	Branche	Umsatz in Mrd. CHF
1	Trafigura International AG	Baar/Singapur	Zug/Singapur	Welt-/Rohstoffhandel	137,893
2	Glencore International AG	Baar	Zug	Welt-/Rohstoffhandel	133,513
3	Vitol SA	Genf	Genf	Mineralölhandel	131,320
4	Cargill International SA	Genf	Genf	Welt-/Rohstoffhandel	107,870
5	Mercuria Energy Trading SA	Genf	Genf	Welt-/Rohstoffhandel	86,600
6	Nestlé-Konzern	Vevey	Waadt	Nahrungsmittel	84,343
7	Roche Holding AG	Basel	Basel-Stadt	Chemie/Pharma	58,323
8	Gunvor SA	Genf	Genf	Mineralölhandel	46,900
9	Novartis AG	Basel	Basel-Stadt	Chemie/Pharma	45,642
10	BHP Billiton Group	Baar	Zug	Welt-/Rohstoffhandel	40,269

Abbildung 32: Ranking Schweizer Unternehmen nach Umsatz im Jahr 2020

Daten: Statista. ©te

Dabei sind Bergbauprodukte im Kanton Zug auffällig geballt, obwohl dort nur eine einzige Mine bis 1935 bestand. Dennoch konnten große Handelskonzerne entstehen. Die steuerlichen Business-Vorzüge vom Kanton Zug werden in der Abbildung 34 weiter unten deutlich. In den letzten Jahrzehnten sind einige Fusionen erfolgt, was Konzentration und Größe der Unternehmen anschwellen ließ. Zum Beispiel wurde das im Ausland „schürfende" Unternehmen *Xstrata* (Kohle, Kupfer, Zink, ...), das selbst schon einige andere „Schürfer" für viele Milliarden geschluckt hatte, im Jahr 2013 vom Rohstoffhändler *Glencore* für 30 Mrd. USD übernommen. *Glencore* beschäftigt aktuell 135 Tsd. Mitarbeiter, kontrolliert ca. 100 Bergwerke rund um den Globus und hat mehr Schiffe im Einsatz als die britische Marine.[163] Ebenfalls in Zug ansässig ist die Gesellschaft *Nord Stream AG*, die Betreiberin von Nord Stream 1. Eigentümer: die deutsch-russische Firma *Wintershall-DEA* (Haupteigner: BASF), *EON*, *Gasunie* und die russische Firma *Gazprom*, die 51 % der Anteile hält.

Viele russische Rohstoffkonzerne haben sich am Genfersee, in Zug oder Lugano (Tessin) platziert. Die oben aufgeführten Schweizer

[162] Haller 2021, o.S.
[163] Handelsblatt 2013, o.S.

Händler *Glencore, Trafigura, Vitol, Mercuria, Gunvor* und etliche weniger große Firmen handeln seit Jahrzehnten mit *Rosneft*, einem der größten Öllieferanten der Welt. Flankiert werden die Deals von den russischen Banken *Sberbank* und *Gazprombank*, die in der Schweiz Tochterunternehmen installiert haben und bis heute von Sanktionen ausgenommen sind, damit Europa weiterhin russische Energie einkaufen kann. Am Öl-Embargo wird gerade „gefeilt". Die EU plant ein weltweites Handelsverbot mit russischem Öl; und es wäre für Russland bereits eine schwere Hürde, wenn Ölladungen nicht mehr in Europa versichert werden könnten. Dann wäre auch eine Lieferung an Drittstaaten sehr riskant[164] und würde den Schweizer Rohstoffhandel hart treffen. Noch 2014, nach der Krim-Annexion, hatte sich die Schweiz nicht an den Sanktionen des Westens beteiligt.[165] Nun steht das jahrhundertealte Rohstoffgeschäft aufgrund der Ukraine-Invasion Russlands im Fokus der Weltöffentlichkeit.

Schweizer Rohstoffhandel, Nazi-Kollaboration und Steuervermeidung

Die Schweiz musste im 19. Jahrhundert zuschauen, wie die europäischen Seemächte die Welt unter sich aufteilten. Kolonien in Amerika, Asien und Afrika wurden errichtet und die Bodenschätze für Glanz, Gloria und Weiterverarbeitungen genutzt. Brutale Ausbeutung einheimischer Bewohner oder gar Einsatz von Sklaven wurde billigend hingenommen, wenn nicht gar aktiv betrieben. Ein extrem einträgliches „Geschäftsmodell". Die Schweizer Kaufleute bewegten sich im Schatten der Kolonialisten.

Die industrielle Revolution in der Schweiz war recht früh abgeschlossen und der Schweizer Export wurde in Europa blockiert, so dass der Handel außereuropäisch angegangen wurde. Ohne Kolonialarmee im Hintergrund verkauften Schweizer Kaufleute Produkte in der ganzen Welt. Unter dem Druck eines protektionistischen Europas, vorrangig der importunwilligen Briten, wurden Kolonialwaren und Rohstoffe aus Asien, Afrika/Goldküste und dem Nahen Osten bezogen,

[164] Hosp 2022, o.S.
[165] Bondolfi 2021, o.S.

veredelt und/oder einfach nur weiterverkauft. Der enorme Goldhandel rührt aus dieser Zeit. Die vielen Geschäfte mit dem Apartheid-Regime in Südafrika hatten außer internationaler Kritik keine Folgen für die Verantwortlichen. Die Schweizer Banken, allen voran die Vorläufer der UBS, stabilisierten das angeschlagene Apartheit-Regime selbst dann noch, als die USA sich zurückzogen. 80 % des unter Embargo stehenden Golds wurden in die Schweiz verkauft und der spätere Gründer des Konzerns *Glencore*, Marc Rich, verkaufte als Händler südafrikanisches Öl unterhalb des internationalen Radars in die gesamte Welt. Mit den ethisch zweifelhaften Erträgen von 2 Mrd. USD wurde *Glencore* aus der Taufe gehoben[166]: Ein sehr dunkles Kapitel der Schweizer Geschichte, das als Fortsetzung der Ungeheuerlichkeiten der Nazi-Zeit gesehen werden kann. Eine Historiker-Kommission stellte fest, als jüdische Nazi-Verfolgte in 2002 eine Entschädigung von Schweizer Großbanken in Höhe von 1,25 Mrd. USD erhielten:

> „Die Schweiz war jenes neutrale Land, das am längsten und am intensivsten die Kriegsanstrengungen Deutschlands unterstützte". (Kommissionsmitglied Tanner)[167]

Zehntausende von Juden sind am Übertreten der Schweizer Grenze gehindert worden, was den sicheren Tod bedeutete. Die Schweiz kaufte und deponierte das – den Juden von den Nazis abgenommene – Gold in den Safes ihrer Banken. Die sogenannte Neutralität war eine verdeckte Kollaboration mit den Nazis. Die Schweiz wurde im Zweiten Weltkrieg verschont, machte großartige Geschäfte und wollte sich hinterher mit einer Bußezahlung von 250.000 CHF im Stil eines Ablasshandels aus einer Schwarzen Liste von Nazi-Verbündeten herauskaufen. Das sollte die Entsperrung ihrer Banken durch die US-Behörden, die vorher das Treiben der Schweizer Banken sanktionierten, ermöglichen. Das gelang zwar, aber 50 Jahre später wurde alles neu aufgerollt. Die Stützung des südafrikanischen Apartheid-Regimes ließ die Erinnerungen aufleben und die Schweiz geriet erneut an den Pranger. Die Haltung gegenüber Putin-Russland wird nun zur Nagelprobe Schweizer „Neutralität" und Ethik.

---

[166] Peters 2019, o.S.
[167] WDR 2006, o.S., https://www1.wdr.de/stichtag/stichtag2114.html

Die sogenannte Neutralität der Schweiz ist ein Feigenblatt für undurchsichtige Transaktionen und das Verstecken „illegaler Gelder". Das hat sich nach dem Zweiten Weltkrieg nicht verändert. Die Weigerung, Daten von Steuerhinterziehern herauszugeben, zeigte unlängst, dass am Wohl von Gemeinschaften und Gesellschaften kein Interesse besteht. Die Schweiz reagiert nur auf Sanktionsandrohungen relevanter Handelspartner wie EU und USA. Die 935 Unternehmen des Rohstoffhandels sind aktuell den Sanktionen ausgesetzt und haben die Wahl, ob die Repräsentanten bei zukünftigen Auslandsbesuchen in der EU oder den USA im Gefängnis landen oder zumindest unangenehme Vorladungen erhalten.

Nach der Krim-Annexion:
***Rosneft* wurde vom Schweizer *Glencore* gestützt**

Für die Rohstoffhändler war die Krim-Annexion so unangenehm wie aktuell die Russland-Invasion in der Ukraine. Die internationalen Scheinwerfer fokussierten plötzlich die Distributionen des russischen Exports und Wohlstands. Schon 2014 wurde der Öl-Hauptlieferant *Rosneft* vom Westen sanktioniert und von internationaler Kapitalbeschaffung abgeschnitten. *Rosneft* musste gar Förderprojekte in der Arktis mit anderen Partnern mangels Kapitals absagen. In Kooperation mit dem Staatsfond Katars beteiligte sich *Glencore* an dem russischen Staatsunternehmen mit 19,7%, so dass 10,5 Mrd. frische EUR in das Staatsunternehmen gepumpt werden konnten. Die italienische Bank *Intesa Sanpaolo* begleitete die Transaktion. Glencore musste nur 300 Mio. EUR mitbringen; der Rest wurde vom Emirat und der Italo-Bank gestellt. Ein Jahr später übernahm der chinesische Mischkonzern CEFC das Gros der Anteile für 9,1 Mrd. USD. Der gesamte Deal war alles andere als transparent. Er war aus heutiger Sicht in erster Linie von der Idee beseelt, die Sanktionen zu umgehen. Dem Kreml wurde eine Gefälligkeit erwiesen: den ungedeckten Haushalt zu finanzieren, der durch den drastischen Rückgang des Ölpreises zu kollabieren drohte.[168] Der Aktienkauf war von Sanktionen ausgenommen – einer der Konstruktionsfehler – und somit stand ein Weg offen,

[168] Macho 2017, o.S.

wie die Bestrafungen umgangen werden konnten. Auch *Trafigura* und *Vitol* beteiligten sich an russischen Ölförderern und verschafften ihnen etliche Mrd. EUR auf die gleiche Weise.[169] Die Schweiz erwies sich auch hier als Unterstützer aggressiver Regime aufgrund fehlender Regulierung und Kontrolle eigener Rohstoffhandelskonzerne. Letztlich ist das Ausdruck politischer Kräfteverhältnisse. Auch aktuell wehren sich in der Schweiz mächtige Lobby-Gruppen gegen diese Art der Regulierung und Kontrolle.

Inzwischen versucht *Glencore*, die verbliebenen Anteile an *Rosneft* und dem russischen Aluminium-Konzern *E+* zu veräußern, was aber aktuell kaum möglich ist, da sich potenzielle Käufer zurückhalten. Unternehmen des Paria-Staates Russland sind gerade nicht en vogue. *Glencore* verspricht, keine neuen Aktivitäten mit Russland zu starten und wähnt sich aktuell sanktionskonform. Festzuhalten bleibt, dass sich weder die Schweiz noch deren Konzerne aufgrund eigener ethischer Werte bewegen, sondern nur auf Druck der internationalen Gemeinschaft. Das Geschäftsmodell liegt im grauen Bereich der Intransparenz. Der Aufstieg des Rohstoffhandels wird in Abbildung 33 dargestellt.

Der große Umbruch fand zur Jahrtausendwende statt. Die Kurve zur Leistungsbilanz (blau) nimmt den Anteil der Dienstleistung mit auf, während die (orangen) Balken der Handelsbilanz eben diese ausschließen. Der Effekt des Warenhandels dominiert die Entwicklung des Außenhandels in prägnanter Weise. Das ist nicht nur ungefähr der Zeitpunkt der Hyperglobalisierung, sondern auch der Startpunkt für die Explosion des Schweizer Rohstoffhandels. Insgesamt schlägt die Schweiz den ehemaligen Exportweltmeister Deutschland und der Anteil am BIP ist globale Spitze unter den entwickelten Industrienationen. Und das ohne eigene Rohstoffe. Ca. 40% des Handelsüberschusses werden durch den Rohstoffhandel ermöglicht.

---

[169] Hosp 2022b; o.S.

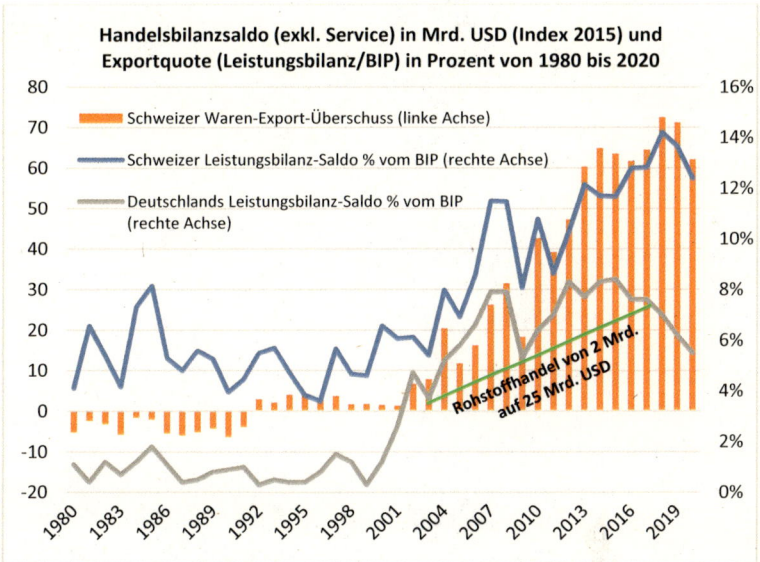

Abbildung 33: Außenhandelsdaten Schweiz versus Deutschland

Daten: Worldbank/WDI und eigene Berechnungen.[170] ©te

Neben den klassischen Rohstoffhändlern und den „unsichtbaren" Dienstleistern hat sich in dem Staat, der keinen maritimen Zugang besitzt, auch die Schifffahrts-Logistik-Branche etabliert.

Die global größte Container-Reederei, die *Mediterranean Shipping Company* (*MSC*), hat ihren Sitz in Genf. Die Reederei betreibt über 460 Cargo-Schiffe weltweit. Die große Trockencargo-Reederei *Swiss-marine* sitzt ebenfalls in Genf. Seit 1919 ist auch die in Genf registrierte *SGS Surveillance* in der Warenprüfung das Maß der Dinge.

Steuern sind Teil der Zauberformel für Agglomeration und Reichtum

Die Rolle eines Brokers ist optimal für ein Handelsdreieck zwischen Lieferanten und Abnehmern, wenn das Geschäft verdunkelt werden

---

[170] Eda 2021, o.S.

soll. Der Broker hat alle Möglichkeiten, über Tochterfirmen in anderen Staaten die Geschäftswege im Nebel versinken zu lassen. Die Panama- und Pandora-Papers haben diese Machenschaften offengelegt, den Sumpf aber nicht trockenlegen können. Dominik Gross von der NGO *Alliance Sud* hat das Muster wie folgt beschrieben:

> „So kann etwa ein nigerianischer Ölhändler ein Konto bei der Credit Suisse haben, offizieller Inhaber des Kontos ist aber via eines britischen Trusts eine Firma in Panama. Und das Ganze wird dann wiederum von Schweizer Anwälten verwaltet."[171]

Die Einnahmen landen in der Schweiz, wo sie „günstig" versteuert werden, während der Staat Nigeria leer ausgeht. Die Unternehmensteuer ist in Nigeria mit 30 % ca. 2,3 mal so hoch wie in der Schweiz, wo durchschnittlich 13,62 % anfallen.[172] Darüber hinaus besteht ein Wohnsitzprivileg für ausländische Unternehmen, die in der Schweiz verwaltet werden. Solche Unternehmen werden mit nur 10 % der Gewinne besteuert, die global erzielt werden.[173] Das nennt man Steueroase.

Auch werden ganze Staaten in Abhängigkeiten gebracht: Rohstoffhändler *Glencore* hat dem staatlichen Ölproduzenten des labilen Tschads eine Kreditline über 1 Mrd. USD eingeräumt und sich damit den Zugriff auf das Öl gesichert. Dieser Kredit, ca. 80 % der Auslandsschulden, konnte während der Covid-Pandemie in 2020 beim Ölpreisrückgang nicht mehr bedient werden, so dass sich sogar die *Weltbank* in die Verhandlung einschaltete; und das erstmals gegenüber einem Privatunternehmen. Der Einfluss der Rohstoffhandels-Konzerne ist immens.[174] Im Mai 2022 lenkte *Glencore* in diversen Korruptions- und Manipulationsprozessen in Brasilien, den USA und UK ein und bekannte sich schuldig. Die Strafe wird laut *Glencore* insgesamt ca. 1,5 Mrd. USD betragen.[175] Das *Glencore*-Ergebnis nach Steuern betrug im Jahr 2021 4,55 Mrd. USD. Dass es sich hier um eine wirksame Strafzahlung handelt, kann bezweifelt werden.

---

[171] Ritscher 2022, o.S.
[172] Lagos 2022, o.S.
[173] SIG Fiduciaire 2021, o.S.
[174] Insight africa 2021, o.S.
[175] Pelosi 2022, o.S.

Dominik Gross hat auf die veränderten Strukturen hingewiesen, die eine Metamorphose der Schweiz als „Steuer-Versteck" hin zu einer Plattform zur Vernetzung der Offshore-Industrie ausweist. Das Geflecht aus Brokern, Finanzierern, Versicherern und Wirtschaftsanwalts-Kanzleien steht im Mittelpunkt bzw. bildet den Knotenpunkt im Netz. In einer älteren Studie von 2016 wurde für das Jahr 2013 eine zusätzliche Steuereinnahme – nur für den Rohstoff Öl – von 6,37 Mrd. CHF ermittelt. Es handelt sich dabei im Wesentlichen um Einnahmen, die besonders den Schwellen- und Entwicklungsländern verloren gingen:[176] ein Transfer von Süd nach Nord, von arm nach reich.

So hat auch der Pharma-Weltkonzern *Novartis* die Gewinne aus dem Ausland in die Schweiz umdirigiert. Bei einer nationalen Wertschöpfung von 2% wurden 30% der globalen Überschüsse in der Schweiz versteuert. So funktioniert moderne legale Steuervermeidung.[177]

Damit ist auch erklärt, warum russische Oligarchen den Standort Schweiz ebenso lieben wie das kulturelle Vergnügen in London(grad). Die exorbitanten Einnahmen aus Rohstoffproduktionen lassen sich bestens in diesen Metropolen unterbringen und die Erträge werden marginal besteuert. Die Wohnorte sind exklusiv und befinden sich außerhalb der EU, die, wenn auch halbherzig, sowohl Steuervermeidung stigmatisiert als auch Sanktionen durchsetzt. Erst jetzt geraten London und Genf unter Druck, da der Krieg gegen die Ukraine Dimensionen erreicht hat, die Vergleiche mit Nazi-Deutschland erlauben. Allein die Öl-Exporte finanzieren Putins Krieg mit mindestens einer halben Mrd. USD täglich, wenn keine Sanktionen wirken.[178] Und davon gehen 80% durch Schweizer Büros.

Neutralität ist die Fassade für asoziale Aktivitäten

Die Schweiz hat die politische Neutralität zu einem enormen Standortvorteil nutzen können. Etliche Sitze zahlreicher multinationaler Institutionen wie dem Internationalen Roten Kreuz, der UNO oder der Welthandelsorganisation WTO, dem Internationalen Olympischen

---

[176] Lannen et al. 2016, S. 5.
[177] Ritscher 2022, ebenda.
[178] Wrede 2022, o.S.

Komitee und der FIFA befinden sich am Genfer See. Genf, Zürich und Lausanne bestechen als hochwertige Wohnorte mit vielen kulturellen Angeboten.

Das absolut schlagende Argument für die Schweiz als optimalen Standort war die diskrete und verdunkelnde Steuerpolitik, basierend auf Nummernkonten ohne Klarnamen. Dieser Zahn wurde der Schweiz längst gezogen. Allerdings war dieses Merkmal historisch wichtig für die Entwicklung des Schweizer Finanzplatzes. Die Schweiz rangiert im Ranking der Steueroasen immer noch weit oben, nicht mehr auf der schwarzen Liste der Oasen oder der grauen Liste der unkooperativen, aber auf der informellen Liste der eifrigen Bremser.[179]

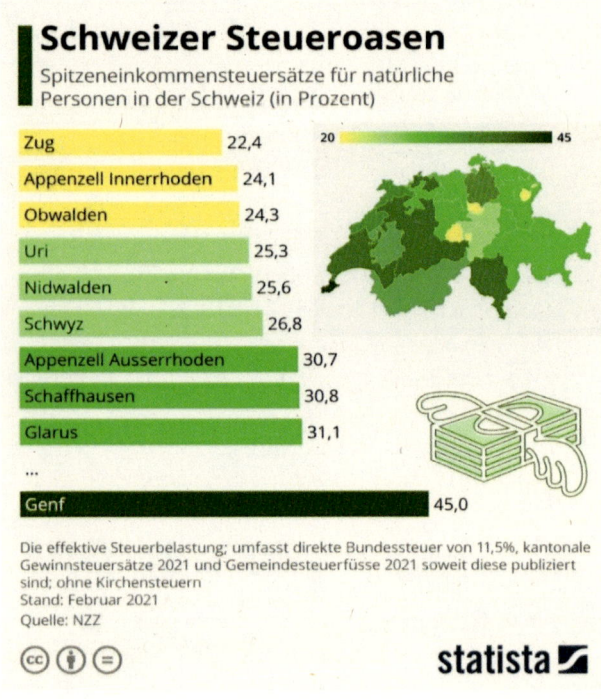

Abbildung 34: Steuersätze in Schweizer Kantonen

[179] Eisenring 2021, o.S.

In der Schweiz selbst sind auch mehrere Optionen möglich: Wem es in Genf zu „teuer" wird, der kann den Sitz nach Zug verlegen und zahlt nur noch die Hälfte an Steuern. Das gilt letztlich nur für Einkommen in der Schweiz. Als Vermögendem ist es auch einem Ausländer möglich, die Vorzüge der Schweiz jenseits von Steurervorteilen zu genießen. Mit Vermögen, das in der Schweiz besteuert wird, kann eine Sonderpermis (Visa) erlangt werden.

Das Schweizer Ausländergesetz legitimiert diese Option mit Art. 30, wenn es um erhebliche „kantonale fiskalische Interessen" geht. Man kauft sich ein und überlässt dem Schweizer Fiskus auch etwas mehr Steuern als in Malta oder Portugal. Warum doch eher die Schweiz? Das Gesundheitssystem genießt einen sehr guten Ruf und die Sprösslinge können auf renommierte Schulen gehen.[180] Ausländische Vermögende müssen in der Schweiz auch kein Einkommen versteuern, wenn sie dort nicht erwerbstätig sind. Sie zahlen eine mit den Behörden vereinbarte Pauschale auf Vermögen, die deutlich niedriger ausfällt als der Steuersatz bei normalen Erwerbstätigen.[181]

Es verwundert nicht, dass die sogenannten Ressourcen-Länder im Ranking der Sonderpermis überproportional vertreten sind. Die russischen Oligarchen, die in der Schweiz ca. 200 Mrd. USD parken, müssen nunmehr auch in der Schweiz davon ausgehen, dass ihr Vermögen nicht mehr sicher ist. Die Schweiz hat nach der EU und den USA noch etwas länger gezögert, die Sanktionen umzusetzen, so dass etliche Werte wie auch aus London in Richtung Dubai verschoben wurden und noch werden.[182] Dubai ist besonders beliebt, denn schon in 2020 wurden dort über 5.000 russische Eigentümer von über 9.700 Villen und Luxus-Wohnungen im Grundbuch gelistet. Die Vereinigten Emirate stehen Russland diesbezüglich sehr nahe, denn Kapitalzuflüsse sind gern gesehen. Wer ab 1,4 Mio. USD für eine Immobilie ausgibt, erhält ein 5-Jahres-Visum dazu.

---

[180] Blick 2021, o.S.
[181] Fargahi 2022, o.S.
[182] Hechler 2022, o.S.

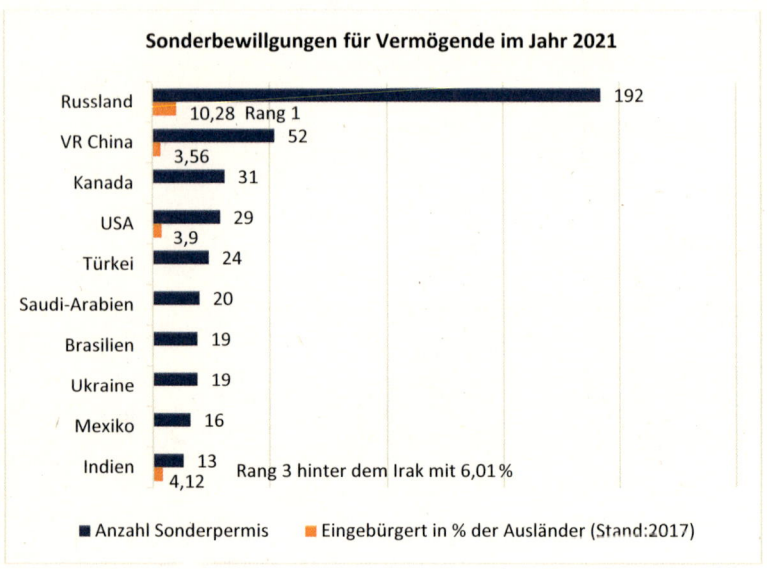

Abbildung 35: Ranking ausländischer in der Schweiz lebender Vermögender nach Nationen

Daten: Staatssekretär für Migration, Uni Genf und EKM. ©te

Nun stehen Sanktionen ins Haus. Bis dato sind die Sanktionen in der EU zu Öl und Gas nicht vollzogen, da einige osteuropäische Mitglieder noch Einwände vorbringen, aber das Problem wächst für die russischen Exporteure unaufhörlich. Das bringt auch die großen Schweizer Trading-Unternehmen wie *Vitol* und *Trafigura Group* erstmalig in einen Konflikt mit den Regulierungsbehörden. Die Rohstoffhändler stehen aufgrund der bislang gegenüber Geldwäsche unkontrollierten Rohstoffmärkte unter Kriegsbeobachtung. Noch in 2015 scheiterte eine NGO-Initiative für die Regulierung dieser Märkte deutlich. Nachdem bereits der Bankensektor in den USA wegen Beihilfe zur Steuerhinterziehung unter Druck geraten war und die Behörden den Schweizer Banken mit Lizenzentzug an der Wallstreet drohten[183], trifft es nun die jahrhundertelange Tradition Schweizer Rohstoffhändler.

---

[183] Hirt/Schmieder 2014, o.S.

Das Business kann nicht mehr so diskret abgewickelt werden und mit den Provisionen ist es dann auch nicht mehr wie in alten Zeiten. Der Schweizer Außenhandelsüberschuss wird unter den Sanktionen gegen Russland leiden und die ständig beteuerte Neutralität wird eher zum Ärgernis der Anti-Putin-Allianz. Und das hätte potenziell erhebliche geschäftliche Folgen.

Der Waren- und Geldkreislauf russischer Öl- und Rohstoff-Lieferungen

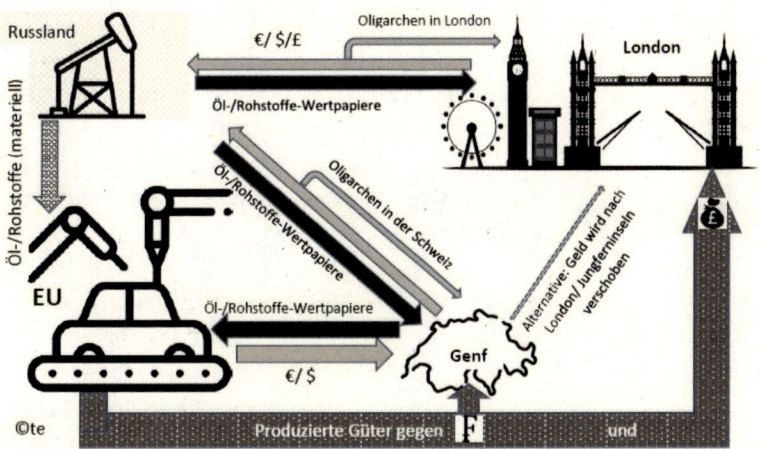

Abbildung 36: Waren- und Geldkreislauf russischer Rohstoff-Erlöse und EU-Produktion

Abbildung 36 geht oben links vom Faktor-Einsatz „Boden" aus. Die Lieferungen von Russland an die EU erfolgen über die Schweiz durch Waren-Vorfinanzierungen. Die Mengen an Öl und Rohstoffen sind so groß, dass Finanzdienstleister in das Geschäft aufgenommen werden. Da z.B. Öl nicht in der Schweiz zwischengelagert werden kann, erfolgt eine Eigentumsübertragung über ein Waren-Eigentums-Dokument (Konnossement), das mit einem Banken-Akkreditiv konform gehen muss. Mit der Bezahlung durch den Käufer geht das Eigentum vom Händler an den Warenempfänger über: Es ist ein Transithandel, ohne dass Waren die Schweizer Grenzen überwinden. Die Bank des Akkreditivs verpflichtet sich zur Zahlung an den Lieferanten und bezieht sich auf das erworbene Wertpapier (Konnossement), das nur gegen Zahlung ausgehändigt wird.

Die Besicherung des Kredits erfolgt auf die Ware, die sich während des gesamten Vorgangs physisch zwischen Verkäufer und Käufer befindet. Dieser Vorgang dient rein zur Absicherung der kurzfristigen und kapitalträchtigen Deals. In der Regel wird ein Schiff mit teurer Rohstoffladung erst gelöscht, wenn die Zahlung per Akkreditiv aufgrund des Konnossements erfolgt ist. Die Banken und Versicherungen gehen quasi in Vorleistung, was sie aufgrund ihrer Kapitalausstattung auch können. Dabei wird vom eigentlichen Warenwert ein einträglicher Aufschlag für diese Industrie fällig.

Die in der Abbildung 36 aufgezeigten Geldflüsse Richtung Russland teilen sich auf, weil ein erheblicher Teil nicht an die Beschäftigten und den Staat Russland geht, sondern bei den Oligarchen verbleibt, die damit ihr Leben in der Schweiz oder in London finanzieren. Im Kreislauf werden die Oligarchen-Profite nicht nur in den Konsum von Schweizer Luxus-Immobilien, Privatschulen und Goldschmuck, sondern auch in Güter der EU wie Automobile, Handtaschen, Mode-Textilien etc. fließen. Dafür wurde das Öl geliefert. Verkürzt und überspitzt lässt sich festhalten: Der Westen produziert, die Schweiz dealt und der Oligarch konsumiert. Und da er nicht alles ausgeben kann, sind die Schweizer Banken ein sicherer Hafen. Im September 2021 konnten rund 11 Mrd. (russische) USD auf Schweizer Konten ausgemacht werden. Das ist, wie Abbildung 37 zeigt, das Doppelte des Geldvermögens russischer Bürger im UK und das x-Fache von Frankreich und Luxemburg. Die Präferenz wird deutlich: Schweiz. Das komplette Vermögen insgesamt kann nur geschätzt werden, da Wertpapiere und Konten von Offshore-Gesellschaften keine genauen Daten ermöglichen. Die Schätzungen liegen bei allen Vermögenswerten zwischen 100 und 300 Mrd. USD.[184]

---

[184] Miller/Halftermeyer 2022, o.S.

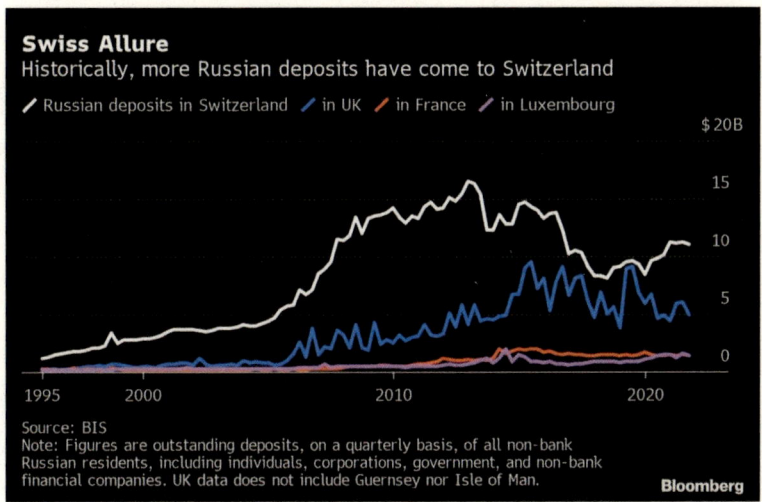

Abbildung 37: Geldvermögen russischer Bürger auf Europäischen Banken nach Nationen in 2021

Die Schweiz positionierte sich für den Rohstoffhandel

Der hohe Eigenkapitalbedarf, Devisenprobleme durch Währungs-schwankungen, Preisschwankungen durch Inflation, volatile Währun-gen und Kapitalverkehrskontrollen bereiteten den konservativen Roh-stoffhändlern zusehends Probleme bei der Abwicklung der Transaktio-nen. Ein Kompetenzzentrum, also hier die Schweiz, mit etlichen Stand-ortvorteilen wie politische Neutralität und Steuervermeidungspoten-zial war das Gebot der Stunde, als sich 1973 im Zuge der ersten gro-ßen Ölkrise die Märkte verkomplizierten, weil die arabischen Staaten den Rohstoff Öl als politische Waffe einsetzten. Es wurden so z.B. Summen in Höhe von 100 Mrd. USD für Öllieferungen aus dem Iran fällig, was für den normalsterblichen Händler nicht mehr zu stemmen war. Die Lieferung musste vorfinanziert und versichert werden. Schweizer Unternehmen hatten historisch aufgebautes Know-how über Transaktionen dieser Art und Größenordnung. In diesem Kon-text wuchsen große und kleinste Verästelungen von vertraulichen Verbindungen mit dem Zentrum in der Schweiz, die das alles bieten konnte.

Die Schweizer Historikerin Lea Haller beschreibt das Geschäftsklima der Branche wie folgt:

> „Es waren solche Finanzierungslösungen, die exklusive Deals ermöglichten. Dabei galt damals schon: Beziehungen sind im Welthandel alles – zu den Rohstoffproduzenten, den Käufern und den Financiers, aber auch zu Vermittlern, Zwischenhändlern und lokalen Beamten, zu Wirtschaftsjuristen, Steuerbehörden und Diplomaten."[185]

Das ist der Grund für die Agglomeration von Rohstoffhandel, Versicherungen, Anwaltskanzleien, Beratungsunternehmen, Treuhändern, Speditions- und Sicherheitsfirmen und diversen Finanzdienstleistungen in der Schweiz. Darunter befinden sich die Schweizer Großbanken und ebenso ausländische Player dieser Branche. Das Schweizer Bankengeheimnis ist auch immer noch wirksam. Schweizer Bürger und vor allem auch Schweizer Journalisten werden mit drakonischen Strafen belegt, wenn sie an der Offenlegung von Skandalen beteiligt sind. Erst im Februar wurden Teile der *Credit-Suisse*-Kundenliste der Öffentlichkeit zugespielt. Internationale Medien wie die *Süddeutsche Zeitung*, *The Guardian*, *Le Mode*, *New York Times* etc. waren an der Aufdeckung beteiligt: Die Bank gewährte Kriegsverbrechern, Autokraten, Menschenhändlern und Drogendealern Unterschlupf auf Schweizer Konten. Die Schweizer Presse war aufgrund der nationalen kriminalisierenden Gesetzgebung nicht an der Recherche beteiligt. Die internationale Presse würdigte das Verhalten der Schweizer als „Kniefall vor den Oligarchen".[186] Vertrauliche Bankdaten sind in der Schweiz heilig, auch wenn „Blut" an den Kontenbewegungen klebt. Das regelt Art. 47 des Schweizer Bankengesetzes. Das Parlament hat am 10. Mai 2022 einer weiteren Verschärfung zugestimmt. Das Attribut „besonders" im Kontext von „öffentlichem Interesse" wurde gestrichen[187], was eine Recherche schon im Ansatz ersticken wird. Das gewählte Parlament stellt sich damit in die Reihe autokratischer Staaten, wie die UNO-Sprecherin Irene Khan es formulierte.[188] Die Schweiz hat nach wie vor kein Interesse an der Störung ihres fragwürdigen

---

[185] Haller 2021, o.S.
[186] Altwegg 2022, o.S.
[187] Pfaff 2022, o.S.
[188] Obermaier et al. 2022, o.S.

Geschäftsmodells, das unter Ausdehnung auf den Rohstoffhandel noch diverser geworden ist.

Der Effekt für die Schweizer Volkswirtschaft ist offenkundig. Es ist ein sehr einträglicher Cluster der Handels- und Finanzbranche. Die politisch eher autoritär und latent korrupt ausgerichteten Ressourcen-Staaten sind für einen ethisch korrekten Handel wenig empfänglich. Die Schweiz stört sich mehrheitlich nicht daran, weil alle Schweizer davon profitieren. Das ist das Grundgesetz der Globalisierung und betrifft fast alle Nationen des Westens. Der Ukraine-Krieg hat den ethischen Grenzwert offengelegt und spiegelt uns die Ambivalenz unserer Vergangenheit. Die Schweiz ist nur eine Spitze des Eisgebirges.

9. City of London, Oligarchen und Brexit

Rowan Moore schrieb am 8. März 2022 im *The Guardian* zur Beziehung zwischen London und den russischen Oligarchen:

> „For years, if not decades, the luxury property market in London and south-east England has been feasting on investment from Russia and former Soviet states. The oligarch's mansion, with fantastical multi-level interiors containing swimming pools, art galleries and vintage car collections, has become the stuff of legend. Estate agents, lawyers, accountants, financial institutions, property companies, public relations agencies, architects and interior designers have all done well out of this abundant cash."[189]

An dieser Stelle sei erwähnt, dass der Begriff „Oligarchen" aus dem Griechischen eigentlich Herrschaft von wenigen meint. Die Oligarchen der Neuzeit sind keine klassischen Oligarchen, sondern überwiegend Kleptokraten: Menschen, die große Reichtümer illegitim bis illegal erworben haben. Das gilt auch für den inzwischen geläuterten Michail Chodorkowski. Mit seiner 10-jährigen Haft signalisierte Putin allen anderen Oligarchen, dass eine aktive Opposition den Verlust der Freiheit bedeutet. Das betrifft die Oligarchen der ersten Generation unter Jelzin als auch die Gruppe um Putin aus KGB und Sankt Petersburg, die als zweite Generation gilt.

Russische und andere Vermögende[190] mit unseriöser Herkunft sind ein bedeutender Wirtschaftsfaktor in UK. Die Immobilien bringen viel Geld in den Wirtschaftskreislauf, sie müssen verwaltet und gepflegt werden. Die wirklich vor Ort lebenden Russen shoppen mit

---

[189] Moore 2022, o.S.

[190] Inzwischen sind russische Oligarchen von Hongkong- und Festland-Chinesen abgelöst worden, was die Kauflust von Immobilen in UK betrifft. Bei den Festland-Chinesen handelt es sich auch um den Übergang zur gelenkten Marktwirtschaft. Sie sind die erste Generation. Die Hongkong-Chinesen bilden die Nachhut in der Flucht nach dem politischen Zugriff der Zentralregierung auf die Insel und deren westlichen Lifestyle.

nennenswerten Beträgen, benötigen viel Personal für die Familien bis hin zum Gassi gehen mit den Hunden. Darüber hinaus werden die Schulen, die privaten Universitäten und das Gesundheitssystem alimentiert. Diese Umsätze incl. derjenigen von Zulieferern und Dienstleistern geraten in Gefahr, wenn Sanktionen diese Gruppe von Vermögenden verprellen. Die ersten sind schon nach Dubai abgewandert und die Medien thematisieren bereits die Systemrelevanz der russischen Oligarchen.

Ganze Straßenzüge Londons mit immensen Quadratmeter-Preisen sind fast ganzjährig unbewohnt, da die Eigner sich irgendwo in der Welt, vielleicht auf ihren Jachten, aufhalten. Die Immobilienpreise sind in London in den letzten Jahrzehnten explodiert und viele Verursacher – gleichsam Besitzer der teuersten Exemplare – nutzen die Wohnflächen eher wenig. Die Immobilien-Anekdoten um Abramowitsch, Deripaska, Fridman, Usmanov, Aven, Guryev, Doronin und dem Ukrainer Firtash füllen immer wieder kritische Kolumnen.

Transparency International ermittelte 6,7 Mrd. £ fragwürdige Zahlungen für britisches Eigentum. Davon seien 1,5 Mrd. £ russisches Investment.[191] Dies sei nur die sichtbare Spitze des Eisbergs, denn die meisten Transaktionen liefen über Briefkasten-Firmen und intransparente Verschachtelungen karibischer Inseln sowie Liechtenstein.

Transparency hat ermittelt, dass von den 1,5 Mrd. £ über die Hälfte der Besitztümer auf den britischen Offshore-Finanzzentren gelistet sind. Der Vorteil für die Eigner: Aufgrund der Geheimhaltung sind keine Namen ermittelbar. Erst mit Aufdeckungen durch Whistleblowing wie bei den Panama-, Paradise- und Pandora-Papers ist eine persönliche Identifizierung möglich. In welche Stadtteile Londons die 1,5 Mrd. £ flossen, kann Abbildung 38 entnommen werden.

Ist der Transfer aus den Ursprungsstaaten vollzogen, genießen die Vermögenden den Schutz des britischen Rechtsstaates. Putins Exekutive kann – anders als im Fall Chodorkowski – nicht an die Tür klopfen, um Vermögen und/oder Unternehmen zu konfiszieren. Allein um nicht plötzlich einem frühen Tod ausgesetzt zu sein, gehen die Oligarchen nicht auf Distanz zu Putin, was ihnen aber jetzt zum ökonomischen Verhängnis werden könnte, da Putin nun Paria ist.

---

[191] Transparency 2022, o.S.

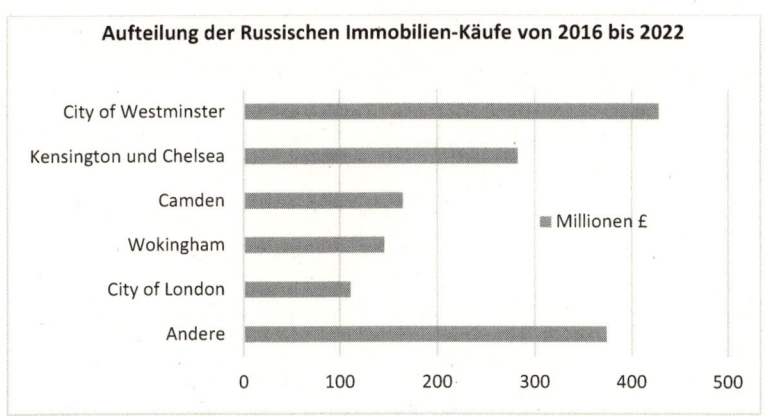

Abbildung 38: Aufschlüsselung russischer Immobilien-Investitionen auf Londons Stadtteile

Daten: Transparency ©te

Transparency hat darüber hinaus 2.189 in UK und den angeschlossenen Inseln registrierte Unternehmen ausgemacht, die in 48 russische Geldwäsche- und Korruptionsfälle involviert sind. Das sind pro Fall durchschnittlich 46 Unternehmen, die eine Spur in den Nebel legen wollten. Insgesamt haben diese 48 Vorgänge einen Wert von mehr als 82 Mrd. £ bewegt. Das betraf manipulierte Beschaffung, Bestechung, Unterschlagung und den rechtswidrigen Erwerb von Staatsvermögen.[192]

Seit 2008 vergeben die Regierenden, egal ob *Tories* (Konservative) oder *Labour*, sogenannte „Goldene Visa" (dauerhaftes Bleiberecht) an ausländische Vermögende, wenn mindestes 2 Mio. £ ins Land fließen. Eingeführt hat das System der erleichterten Einbürgerung der Tori *John Major* im Jahr 1994. Dabei ist es nicht einmal problematisch, die Genese des Geldes qua Scheinfirmen mit Micky-Maus-Namen zu verschleiern.[193] Wer 10 Mio. £ in den britischen Finanztopf warf, konnte seit 2011 die Einbürgerung auf 2 Jahre Wartezeit verkürzen. Seit der Turbo-Version mit Leichtlauf-Öl aus dem Jahr 2008 wurden 2.851 Investoren-Visa russischer Einzahler festgestellt.

---

[192] Ebenda.
[193] Heuer/Schindler 2022, o.S.

Zwischen 2008 und 2015 schlüpften 97 % der AnwärterInnen ohne Legitimationsprüfung in die britische Society. In 2021 wurden bis zum September fast 800 neue Visa ausgestellt, davon 82 für Russen: ein Rekord seit 2018. Die nun – noch sehr wenig – sanktionierten Russen erhielten diese Visa.[194]

Eine neuere Analyse der NGO ergab eine typische Aufteilung von Korruptions- und Geldwäschefällen. Es sind dies wieder vor allem Ressourcen-Staaten rund um die ehemalige Sowjetunion und dazu noch Nigeria, China und Hongkong. Dort fühlt sich der eine oder andere chinesische Oligarch nicht mehr so wohl, nachdem die Regenten in Peking die demokratischen Freiheiten grundlegend eingeschränkt haben und selbst Korruption außerhalb ihrer Machtstruktur verfolgen. Das Top-10-Ranking von Korruption und Geldwäsche mit der City of London als Knotenpunkt sieht wie folgt aus:

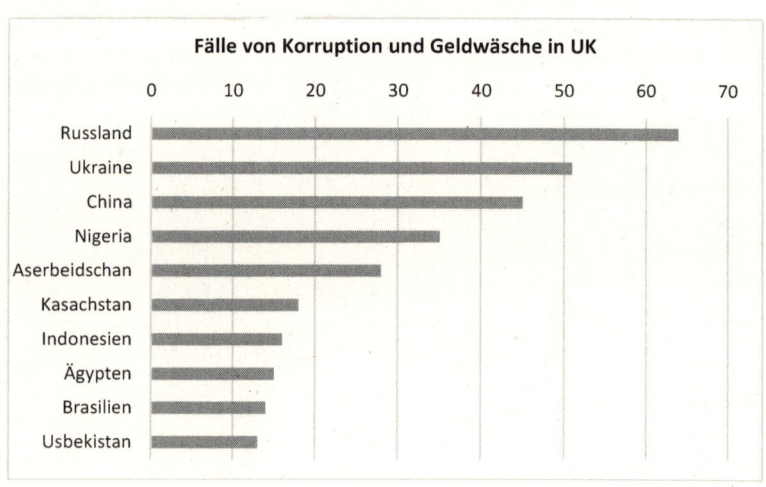

Abbildung 39: Ranking von Korruption und Geldwäsche nach Staaten in UK

Daten: Transparency ©te

Die britische Wirtschaft ist ähnlich wie die US-amerikanische sehr importlastig. Diese Eigenschaft des angelsächsischen Geschäftsmodells

[194] Neate/Allegretti 2022, o.S.

ist auch die Kehrseite der De-Industrialisierung beider Nationen. Der
große Unterschied liegt nicht nur in der militärischen Stärke der USA
und der 5-mal so großen Bevölkerung, sondern in den Auswirkungen
des Zweiten Weltkriegs. Während die USA – abgesehen von der *Pearl-
Harbour*-Attacke der Japaner im Jahr 1941 – von Kriegszerstörungen
verschont blieben, musste UK sehr leiden und das zum zweiten Mal.[195]
Im Zweiten Weltkrieg wurden im deutschen Bombenhagel eine Mil-
lion Häuser[196] beschädigt oder zerstört. Die Kriegswirtschaft konnte
nur mit Krediten aus Übersee aufrechterhalten werden. Europa lag in
Trümmern und konnte nur mit US-amerikanischer Hilfe auferstehen.
Im Jahr 2006 zahlte UK die letzte Tranche nach 61 Jahren an die
USA.[197]

Für UK war die Situation nach den Weltkriegen ein Desaster.
Noch im Jahr 1922 umfasste das Imperium 458 Mio. Einwohner, ein
schier unendliches Reservoir an Rohstoffen und Arbeitskräften außerhalb der herrschenden Insel.[198] Diese fremden Regionen mit all den
politischen und humanitären Problemen zu führen, verlangte ein po-
tentes und leistungsstarkes Mutterland, das UK nicht mehr sein konnte.
Ähnlich erging es der UdSSR vor ihrem Zerfall. Die Dekolonialisierung war eine logische Folge dieser Schwäche und mit Hongkong
verlor UK im Jahr 1997 die letzte Bastion britischer Dominanz.

An dieser Stelle muss auch auf die perfide Annexion Hongkongs
verwiesen werden. China wurde von UK in den sogenannten Opium-
Kriegen zweimal überfallen, weil China sich gegen die Infiltration
durch in Indien angebautes Opium wehrte und gegen britische Opium-
händler in China vorging. Das britische Königreich hatte aber großes
Interesse am protektionistischen China als Absatzmarkt und erklärte
daraufhin den Krieg, der aufgrund der überlegenen Seemacht auch
gewonnen wurde. Im Ergebnis wurden Shanghai und andere Häfen
für britische Exporte geöffnet und Hongkong als Reparationszahlung
an UK abgepresst. Den spießigen Lords war Rauschgift als Mittel

---

[195] Im Ersten Weltkrieg verlor UK über 700 Tsd. und im zweiten 383 Tsd. Solda-
ten (Scriba 2021, o.S. und Statista 2022f, o.S.).

[196] Hempel 2019, o.S.

[197] Thornton 2006, o.S.

[198] National Geographic Kids 2022, o.S.

zum Zweck durchaus dienlich.[199] Nach dem Zweiten Weltkrieg setzte eine Dekolonisation im Domino-Effekt ein. Das Commonwealth hat heute eher symbolischen Wert, der auch zusehends schwindet.

UK und die weitere Erosion des Empire

UK musste nach dem Zweiten Weltkrieg in die zweite Reihe zurücktreten, insbesondere auch durch das Erstarken der UdSSR. Es galten nur noch zwei Supermächte bis zum Zerfall des Ostblocks 1989. Während dieser Zeitspanne konnte sich der englische Staat allerdings nicht in die Position eines Kronprinzen hinaufarbeiten. Dies waren/ sind die Kriegsverlierer-Nationen Deutschland und Japan mit starker industrieller Ausprägung.

Das letzte Aufbegehren des UK im Weltmachtanspruch war die Suez-Krise 1956. Der Suez-Kanal wurde vom ägyptischen Präsidenten *Gamal Abdel Nasser* verstaatlicht und damit der Kontrolle von UK und Frankreich entzogen. Diese führten daraufhin einen Krieg gegen Ägypten unter dem Vorwand, Israel beistehen zu wollen. Das Vorgehen war so offensichtlich wie schändlich, dass sich die UNO incl. USA und UdSSR gegen UK und Frankreich positionierten. Insbesondere die USA waren empört über den britischen Alleingang. US-Präsident *Eisenhower* drohte UK, das in jener Zeit mit schwindenden Währungsreserven zu kämpfen hatte, mit dem Verkauf von Reserven an Pfund Sterling, was die Währung stark abgewertet hätte. Die Schulden in USD wären explodiert und hätten UK in die Zahlungsunfähigkeit getrieben.[200] UK und Frankreich zogen sich daraufhin demütig zurück. Das war auch für die britische Öffentlichkeit das Ende des Empires. Es blieb nur noch Nostalgie.

Die ökonomischen Grundlagen wurden bereits im Zweiten Weltkrieg massiv beschädigt und das Pfund Sterling konnte die Leitwährungsposition nicht mehr halten. Dem britischen Star-Ökonomen *John Maynard Keynes* gelang es nicht einmal, den USA eine Art Parität abzuringen. Der USD wurde in den Verhandlungen in Bretton Woods (USA im Jahr 1944) zur Leitwährung erklärt. Damit sind die USA in

---

[199] National Army Museum 2022, o.S.
[200] Boughton/IMF 2001, o.S.

der Lage das nötige Geld zu drucken, wenn es mal eng wird. Als internationale Währung für Handel und besonders für Rohstoffe ist der USD latent stark überbewertet, auch dann, wenn die US-amerikanische Wirtschaft eine hohe Inflation wie aktuell zu verzeichnen hat.

Die in Bretton Woods festgeschriebene Versicherung aller anderen Nationen, dass der USD stets gegen Gold eintauschbar sei, wurde mit dem Nixon-Schock 1971[201] gekündigt. Die vielen Kriege der USA (Indochina, Korea, …) verschlangen einfach zu viele USD ohne wirtschaftliche Substanz, so dass eine Golddeckung nicht mehr möglich war. Der USD blieb Leitwährung auch ohne Golddeckung. Die anderen Währungen waren nun nicht mehr fixiert, sie können seitdem floaten. Die nationale Währungsentwicklung konnte dann als Ausdruck wirtschaftlicher Substanz gesehen werden.

Abbildung 40 zeigt dennoch eine signifikante Differenz zwischen den aufsteigenden Verlierernationen und dem Verfall der Sieger-Nation UK, das durch den Zusammenbruch des Empire mehr verloren hat als Japan und Deutschland als Kriegsverlierer. Das britische Pfund Sterling spiegelt die Rolle des UK in der Welt wider. Das BIP ist noch relativ positiv (vgl. Abbildung 41), weist aber eine fragile Basis auf. Der britische Wohlstand fußt auf ausländischen Schulden und einer starken Anziehungskraft auf illegale und/oder dubiose internationale Geldströme. Dafür hat UK viel getan.

Dabei muss für Deutschland noch berücksichtigt werden, dass der Euro eine Durchschnittswährung darstellt, die sowohl ökonomisch starke als auch schwächere Länder repräsentiert. Ein „deutscher" Euro wäre deutlich höher bewertet, was im Übrigen auch einen Faktor für die deutsche Exportstärke ausmacht.

Das BIP pro Kopf liegt in Deutschland im Jahr 2020 um 12,36 % höher als in UK. Nun zeigt das Diagramm keine desaströse Entwicklung in UK auf. Der Abstand zu Deutschland ist nicht drastisch. Nur eingedenk der unterschiedlichen Voraussetzungen nach dem Zweiten Weltkrieg und der Vorteile durch den *Common Wealth* lässt sich festhalten, dass der angelsächsische Kapitalismus in UK dem der „Sozialen Marktwirtschaft" nicht überlegen ist. Sind die Kurven von Deutschland und UK bezüglich des BIP noch recht nah beieinander, so ändert sich das Bild bezüglich des Außenhandels signifikant. In diesem Kon-

---

[201] Fuster 2021, o.S.

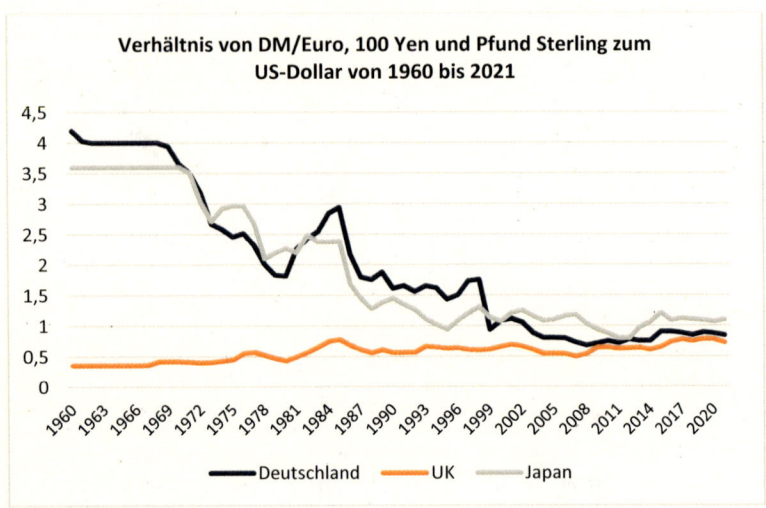

Abbildung 40: Verhältnis von DM/Euro, 100 Yen und Pfund Sterling zum US-Dollar von 1960 bis 2021

Daten: Weltbank. ©te

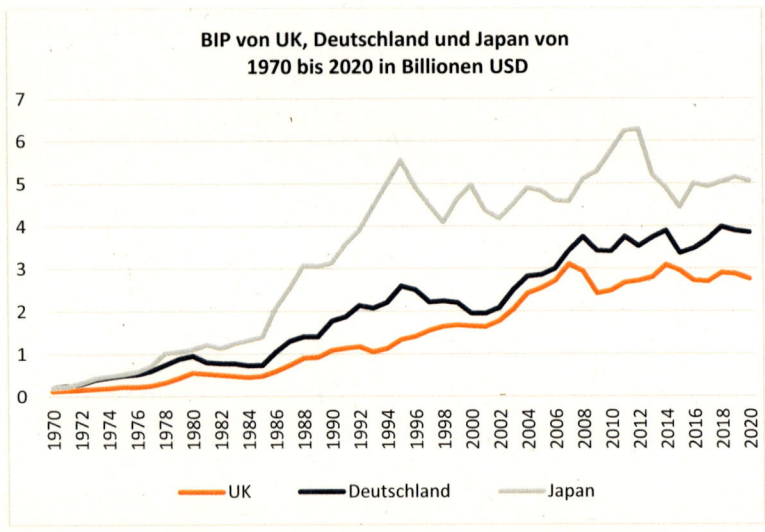

Abbildung 41: BIP-Entwicklung von UK, Deutschland und Japan von 1970 bis 2020

Daten: Worldbank. ©te

text kommen dann auch die Oligarchen (Kleptokraten) und Rohstoffe ins Spiel.

UK bezieht seine Wirtschaftskraft nicht mehr aus der Fertigung von Waren wie etwa eleganten Kraftfahrzeugen (Rover, Mini, Jaguar, Austin usw.). Auf den ersten 8 Plätzen der größten Unternehmen rangieren 4 Bergbau-Unternehmen wie *BHB Billiton, Eurasian Natur Resources, Anglo American Rio Tinto*, der Öl-Multi *BP*, ein Raumfahrtunternehmen und die zwei globalen Pharma-Unternehmen *Glaxo SmithKline* und *AstraZeneca*[202], die meist außerhalb der Insel punkteten. Die nationale Industrie wurde im ersten Schritt zurückgefahren und im zweiten dem Ausland überlassen.

Antiquierte Gewerkschaften und eine gespaltene Gesellschaft

Magret Thatcher hatte 1979 mit ihrer Wahl zur Premierministerin den Anfang gemacht, um UK aus dem Dilemma einer Fertigungslandschaft mit lähmenden Streiks und schwindender Wettbewerbsfähigkeit herauszuführen. Es ging ihr und den *Tories* freilich nicht um soziale Reform und gesellschaftlich harmonische Modernisierung.

Die *Tories* folgten dem neoliberalen Weg 18 Jahre lang, weil es kein herrschendes Narrativ für die Umgestaltung der britischen Industrie gab. Es ging um das Primat der Privatwirtschaft, die Entstaatlichung von Unternehmen und das Beseitigen von Hemmnissen kapitalistischer Entfaltung. Es war Klassenkampf pur und die Arbeitnehmer saßen am kürzeren Hebel, denn die Streiks schadeten ihnen selbst. Die Labour-Partei fremdelte ebenso mit den Gewerkschaften. Die britische „Wirtschaft" erodierte und mit steigender Arbeitslosigkeit wurde den Gewerkschaften die Waffe geräumter Arbeitsmärkte (Vollbeschäftigung) genommen. Insbesondere der Bergarbeiterstreik von 1984/1985 legte die Schwäche der britischen Wirtschaft offen.

Die Zahl der Gewerkschafter halbierte sich in der Zeit nach der Niederschlagung der Streiks.[203] Letztlich haben *Thatcher* und die *Tories* die wirtschaftliche Entwicklung, sprich die Anfänge der Globalisierung, in UK exekutiert. Kohle und Stahl sind in den allermeis-

---

[202] Produktion 2019, o.S.

[203] Taylor 2013, o.S.; von Winkler 2021, o.S.; Wilson 2019, o.S.

ten Industrienationen nicht mehr die Nummer 1 der Industrien. Technologische Veränderungen haben Spuren hinterlassen und in UK leider stärker als notwendig, denn die verarbeitende Industrie halbierte fast den Output – zum BIP – in dieser Ära[204], anders als in Deutschland und Japan. Diese Nationen wurden Marktführer im Automobil- und Maschinenbau. Auch in Deutschland wurden Kohle und Stahl über Jahrzehnte irrelevant. Im Gegensatz zu UK entschieden sich Deutschland und Japan für eine Modernisierung der Industrie, während UK das Geschäftsmodell „Schmutziges Geld" befürwortete: die Fortsetzung des Kolonialismus mit anderen Mitteln. Die „feine" britische Gesellschaft bediente sich alles dubiosen Geldes unter dem Mantel einer altehrwürdigen Demokratie und dem vermeintlichen Achten von Menschenrechten.

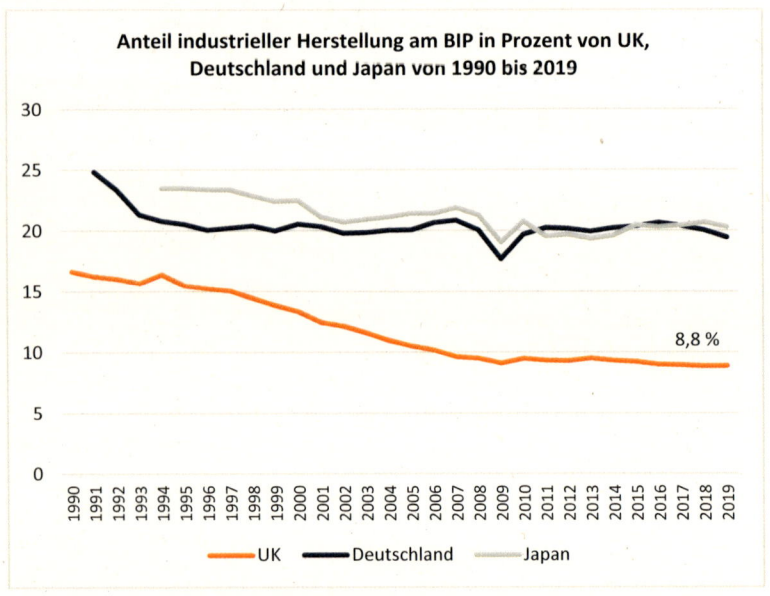

Abbildung 42: Anteil industrieller Fertigung am BIP in Prozent von UK, Deutschland und Japan von 1990 bis 2019

Daten: Worldbank. ©te

---

[204] Rhodes 2020, S. 4.

London ist ein Paradies für Steuervermeidung und Geldwäsche

Eigentlich zählt *Shell* als größtes Unternehmen auch noch zur Liste der größten UK-Unternehmen, denn ab Januar 2022 ist es nicht mehr *Royal Dutch* (Niederlande). Der Konzern hat seinen Sitz von Den Haag nach London zurückverlegt, nachdem sich die Hoffnung nicht erfüllte, dass die Niederlande auf die Besteuerung von Dividenden verzichten, wie es in UK üblich ist. Da es auch die niederländische *Unilever* nach London getrieben hat, muss der Brexit auch eine positive Wirkung für die Briten haben. Die Antwort ist einfach und wird von der *Shell* auch noch selbst gegeben: Man wäre in UK flexibler. Heißt: Man genießt die geringere Besteuerung und erspart sich die Umweltschutz-Regularien der EU.

Der globale Standort-Wettbewerb bezieht Arbeitsschutz-, Umweltschutz-, Lohnstückkosten und Steuern ein. Die Global-Player in London erwerben das gesamte Paket inklusive bester Infrastruktur für Kultur, Wohnort, Gesundheit und Bildung. Ganz ähnlich wie in der Schweiz. Beide Staaten sind nicht Mitglied der EU, sondern deren Konkurrenten. Es besteht keine Konkurrenz der besseren Produkte, denn dieser Wettbewerb ist industriell und damit nicht mehr Teil des britischen Geschäftsmodells. Der Brexit hatte das Ziel, den Standortvorteil durch Steuervermeidung und Geldwäsche zu verteidigen, denn die EU nahm die City of London, die seit den 1950er Jahren den Paradigmenwechsel hin zum Steueroasen-Staat betreibt, zunehmend ins Visier.

Die ethischen Werte – wie etwa Arbeits- und Umweltschutz – kosten die EU viel Geld und beeinträchtigen damit die Bilanzen und Dividenden der Konzerne. Mit dem Invasions-Krieg gegen die Ukraine haben moralische Werte wieder stärker Konjunktur und werfen ein unangenehmes Licht auf das Treiben der rohstoffhandelnden Konzerne, ihre Hauptsitze und Konten-Verwaltungen.

Die Verbindung zum russischen Rohstoff ist der eine Teil der Geschichte, der andere betrifft die Hauptprofiteure: die Oligarchen. Diese Gruppe hat sich geografisch vom Produktionsfaktor Boden hin zum Produktionsfaktor Kapital bewegt. Sie sind Kunden und inhärenter Teil der britischen und Schweizer Finanzindustrie und leben dort deutlich luxuriöser als in Russland. Es gibt kaum Statistiken über

Anzahl und Vermögenssumme. Warum nur?! Die Schweiz „bemüht"
sich aufgrund öffentlichen Interesses seit wenigen Jahren um eine
Statistik zum Thema.

Chronisches Leistungsbilanzdefizit bedeutet Auslandsverschuldung

Anders als die „clevere" Schweiz funktioniert die britische Wirtschaft
nur auf Pump. Die erodierende Industrie und der längst nicht kom-
pensierende Servicebereich reichen nicht aus, um die Importe aus der
EU, Japan, den USA und China zu finanzieren.

Auch die Alimente der Oligarchen können die Lücke nicht schließen. UK steht unter dem Druck, die Volkswirtschaft so zu modernisieren, dass diese Schwäche überwunden wird. Ein Angang der Oli-
garchengelder konterkariert dieses Vorhaben. An der Themse träumt
man von Verhältnissen wie in Singapur, wo es gelang, mit einem
starken Finanzplatz viele intellektuelle Talente auch im Bereich der
Wissenschaft und Forschung anzulocken.

Singapur exportiert als stärkste Warengruppe Mikrochips besonders nach China. Trotz der niedrigen Steuern beruht die ökonomische
Kraft auf der Warenproduktion. Die Leistungsbilanzüberschüsse betragen seit 2014 regelmäßig mehr als 50 Mrd. USD.[205] Einen deut-
lichen Kontrast zeigt der Vergleich von UK und Deutschland in Abbildung 43.

Um die Jahrtausendwende, die auch als Startpunkt der Hyper-Globalisierung gilt, gehen die Leistungsbilanzen der beiden Staaten deutlich auseinander. Export-Land Deutschland lebt von der industriellen
Ausfuhr und UK importiert ausgiebig. Die gegenüber der Handelsbilanz (Warenverkehr) weniger defizitäre Leistungsbilanz wird positiv vom Dienstleistungssektor beeinflusst.

---

[205] The Global Economy 2020, o.S.

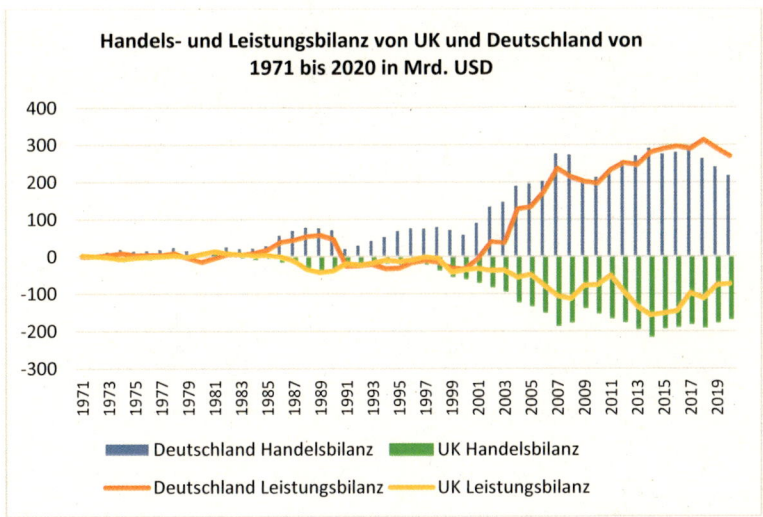

Abbildung 43: Handels- und Leistungsbilanz von UK und Deutschland von 1971 bis 2020

Daten: Worldbank. ©te

Ähnlich wie in Genf und Zug in der Schweiz hat sich in der City of London eine Industrie aus Finanzplatz und Consulting – auch mit globalem Rohstoffhandel und -abbau – etabliert, die im Jahr 2020 über 100 Mrd. USD Außenhandelsüberschuss erwirtschaftet hat. Der reine Dienstleistungs-Exportwert lag bei 380 Mrd. USD insgesamt. Das sind fast 14 % des britischen BIP (Deutschland: 8,3 %).[206] Es ist daher wenig verwunderlich, dass Russland als Schlaraffenland für Öl, Gas und Rohstoffe in der City of London eine wichtige Stellung einnimmt. Haupt-Exportgut sind Automobile ausländischer Hersteller in UK.

> „In 2021, the most imported goods from Russia were oil, metal, and gas products. The most exported goods were cars, pharmaceutical products, specialised machinery, and power generators."[207]

[206] Worldbank 2022, o.S.
[207] Goddard 2022, o.S.

Das UK-Handelsdefizit gegenüber Russland betrug im Jahr 2021 über 5 Mrd. £. Die Sanktionen nach der Krim-Annexion 2014 hatten 2 Jahre später auf das Geschäft keinerlei Auswirkungen mehr.

Von den in Abbildung 44 sichtbaren 4 Mrd. £ Service-Export entfallen ca. 2 bis 2,5 Mrd. £ auf den Bereich Finanzen, Versicherungen und Beratungen. Dort werden die russischen Transaktionen und Vermögen versichert und gemanagt.

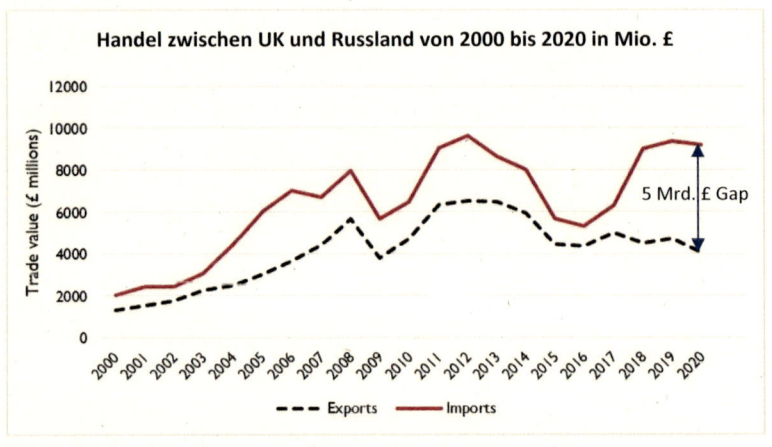

Abbildung 44: Entwicklung des UK-Russland-Handels von 2000 bis 2020

Quelle: Office for National Statistics

In Deutschland wird der Service-Exportwert überproportional durch Ingenieurleistung bestimmt und weniger von Finanzdienstleistungen. Da sind Luxemburg und die City of London Spitzenreiter. Die Service-Bilanz des Vereinigten Königreichs ist in Abbildung 45 dargestellt.

Der Aufschwung des UK-Finanzplatzes geht einher mit dem Niedergang der industriellen Produktion. Die Kfz-Produktion als eine der ehemaligen britischen Schlüsselindustrien kann in diesem Kontext exemplarisch beleuchtet werden.

Die Exporte gehen zum großen Teil auf ausländische Unternehmen zurück, die in UK investiert hatten, u.a. der *Mini* von *BMW*. In nur 6 Jahren wurde der Output an Automobilen halbiert (vgl. Abbildung 47). Der Rückgang ist eng mit dem Brexit verknüpft. Weder Covid-19 noch Chip-Mangel können den Rückgang vor dem Jahr 2020 erklären.

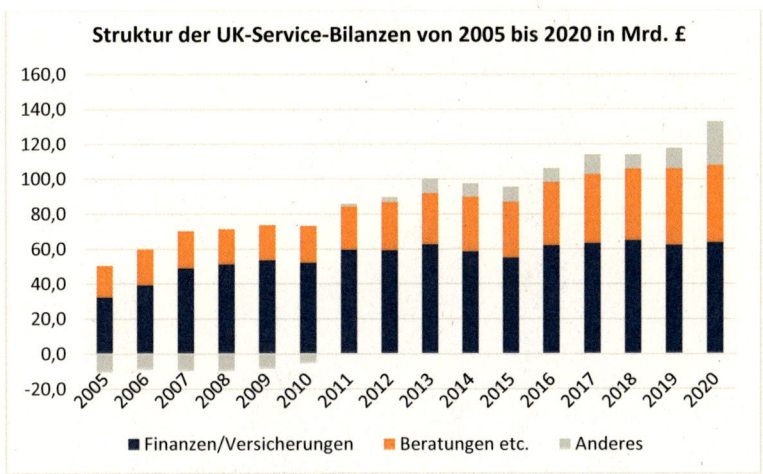

Abbildung 45: Struktur der UK-Service-Bilanzen

Daten: Office for National Statistics – Balance of Payments (https://www.ons.gov.uk/economy/nationalaccounts/balanceofpayments/bulletins/unitedkingdombalanceofpaymentsthepinkbook/2021). ©te

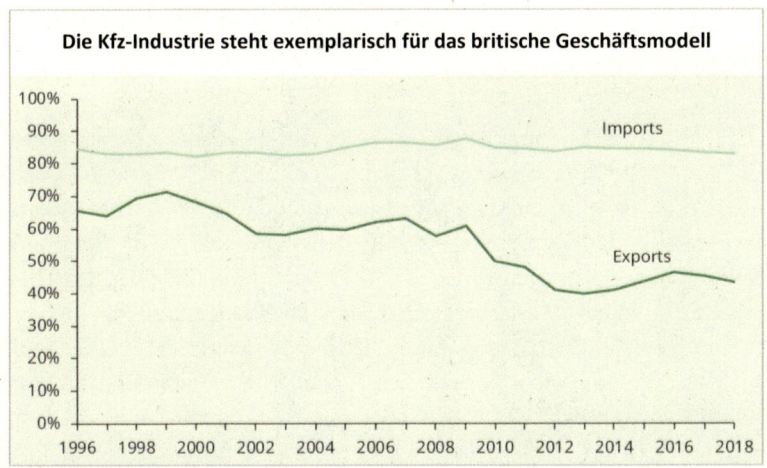

Abbildung 46: Im- und Export von Automobilen Großbritanniens bezüglich EU (*Anteil ausländischer Automobile in UK und Anteil des Exports in die EU jeweils in Prozent*)

Quelle: https://commonslibrary.parliament.uk/research-briefings/sn00611

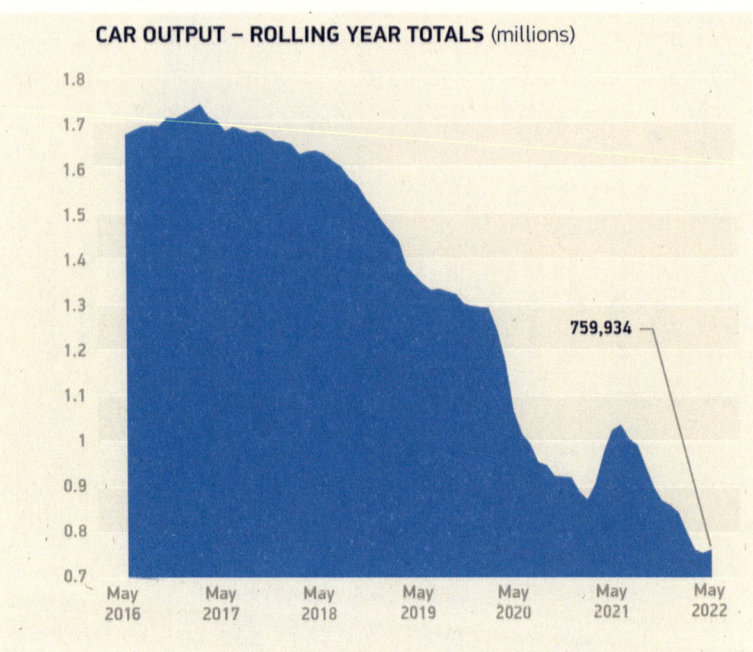

CAR OUTPUT – ROLLING YEAR TOTALS (millions)

759,934

Abbildung 47: Produktionsmenge Automobile in UK von 2015 bis 2022

Quelle: https://www.smmt.co.uk/vehicle-data/manufacturing/

Die Deindustrialisierung entspricht einem angloamerikanischen Muster. Waren und Komponenten werden in Regionen gefertigt, wo Lohnstückkosten deutlich geringer sind. So entwickelte sich auch der „Rust-Belt" (Pennsylvania, Detroit, Pittsburgh usw.) in den USA. Stahl und Automobile wurden der ausländischen Konkurrenz und/oder den Billiglohn-Regionen überlassen. USA und UK haben ein erhebliches Leistungsbilanz-Defizit, das über die Liquidität der *Wallstreet* und der *City of London* kompensiert wird. Die USA leben in erster Linie von der Attraktivität des US-Dollars und des großen inländischen Absatzmarktes. UK hat diese Vorzüge nicht und hübscht den Standort durch Scheunentore für dubioses Geld auf. Mindestens liegen steuerliche Gründe vor.

Da kein Geld über den Warenverkauf in das Land kommt, muss die Finanzierung des Imports anders finanziert werden. Die eine Möglichkeit bestünde in der imperialen Art, dass Investitionen im Ausland so rentabel sind, dass die Rücküberweisungen (Primäreinkommen) ins Heimatland diesen Gap auflösen. Die Leistungsbilanz UKs zeigt aber, dass dieser Posten nicht ausreicht. Auch der Verkauf von britischem Vermögen in Form von Unternehmen und Immobilien ist keine wirksame Strategie. Folglich ist der Staat auf zirkulierendes ausländisches Geld angewiesen. Am besten in Form von Spenden, die auch so schon von den Oligarchen für politische Parteien und Stiftungen aller Art geleistet werden. Damit werden nicht nur politische Parteien beeinflusst, sondern auch regelrechte Unterwanderungen der britischen Gesellschaft durchgeführt.

Inzwischen hat ein Oligarchen-Sohn, der sich auch bei britischen Medien eingekauft hat, von Boris Johnson einen Platz im Oberhaus als Baron erhalten.[208] Es ist offensichtlich, dass diese Spenden, die ungeheuren Immobilien-Ausgaben oder die Beschäftigung sogenannter „Putzer-Fische" der Oligarchen in Gestalt von Nannys, Gärtnern, Chauffeuren, Anwälten, Butlern, Gastronomen, Reputation-Managern etc. eine ökonomisch bedeutende Rolle einnehmen. Diese „Industrie" nimmt das Geld der Oligarchen – und nicht nur der russischen –, das außerhalb von UK erwirtschaftet wird. Es kommt frei Haus.

Die Rolle der City of London

Die City of London hat seit ca. 1000 Jahren der englischen Monarchie ein Privileg abringen können. Die Monarchie befindet sich in dieser „Quadratmeile" im Ausland. Hier herrschen die Citizens of London, die seit Ende des 12. Jahrhunderts den Bürgermeister dieses Distrikts bestimmen. Inzwischen sind außer den Bürgern auch Unternehmen und Körperschaften stimmberechtigt. Das gilt auch für Einheiten aus dem *Commonwealth*. Es gelten durchaus die britischen Gesetze, es ist kein Staat im Staat, sondern ein Sonderbezirk. Es besteht eine eigene Verwaltung incl. Polizeibehörde. Der Handel mit Wertpapieren aller Art und die Steuergesetzgebung unterstehen nicht der nationalen Justiz, sondern den eigenen Regeln. Das ist das Privileg.[209] Allerdings muss sich der Distrikt der britischen Bankenaufsicht unterordnen, was

---

[208] Wedekind 2022, o.S.
[209] Stäuber 2012, o.S.

mit sogenannten Schattenbanken umgangen werden kann. Dazu zählen in der Regel das gesamte Hedgefonds- und Private-Equity-Busi-
ness. Mit anderen Worten: Die City of London ist annähernd
unreguliert, ein großer Vorteil im Wettbewerb. Damit der Finanzplatz
mit dem besonderen Status zur vollen Entfaltung kommen konnte,
mussten noch wesentliche Beschränkungen fallen. Dafür sorgten die
Tories in den 1980er Jahren mit den *Big Bangs*.

Big Bang Nr. 1: Unter Margaret Thatcher wurden im Jahr 1979 die
Devisenkontrollen abgeschafft, der Wert des Pfunds stieg und die
Exporte verteuerten sich enorm. Der industrielle Aderlass betrug zwischen 1981 und 1984 ca. 90.000 Arbeitsplätze nur in London. Auf das
ganze Land bezogen betrug die Erosion ca. 20%. Der Finanzsektor
wuchs in dieser Zeit um 45 000 neue Arbeitsplätze. Der Wegfall der
Devisenkontrollen, also der nun mögliche ungebremste Zufluss ausländischen Kapitals, wurde als Wiedergeburt der britischen Wirtschaft
gefeiert.[210]

Big Bang Nr. 2: Der Wertpapierhandel wurde dereguliert. *Thatcher*
und die *Tories* verabschiedeten im Jahr 1986 ein Gesetz zur Beseitigung von Kontrollen. Drei Elemente prägten den zweiten Urknall der
City of London:

- Abschaffung der festen Provisionen für Trades, die an der *Wallstreet* bereits 1974 abgeschafft wurden.

- Berater und Trader wurden nicht mehr getrennt, sondern als eine
  Zunft betrachtet, das Geschäft damit in eine Hand gelegt und Über-
  prüfungen minimiert.

- Ausländische Firmen dürfen britische Makler übernehmen, so dass
  London zum internationalen Finanzplatz aufgebaut werden konnte.

Diese Neuerungen waren u.a. die Saat für die spätere Finanzkrise von
2007-2009. Der persönliche Aktienhandel wurde durch den elektronischen ersetzt und die Deregulierungen ließen ein Hochgeschwindig-
keit-Casino entstehen. Die europäischen Wettbewerber wurden abge-
hängt und die *Wallstreet* erhielt einen erstzunehmenden Konkurrenten
um internationale Liquidität. Das heizte den Handel an, Finanz-
Talente wurden zwischen den Handelsplätzen abgeworben und US-

---

[210] Roberson 2016, o.S.

Investmentfirmen gingen nach London, auch um britische Makler aufzukaufen. Die Konditionen für die Trades wurden bis auf 5 USD pro Deal heruntergeschraubt. Die Elektronik machte es möglich. Der Urknall ermöglichte ein „Free-for-all", alle Formen von Fusionen, Übernahmen kleiner Makler und Berater durch klassische Banken und ein geschäftiges Shoppen von US-amerikanischen und japanischen Banken.[211] Aber für alle gilt: Makler und Trader benötigen fremde Liquidität und die kommt besonders gehäuft aus Kanälen der Ressourcenländer, Drogenkartelle und Steuerflüchtenden.

Die immense Liquidität der City of London geht auf die *Big Bangs* zurück. Die Unternehmensberatung *Deloitte* hat in einem Bericht veröffentlicht, dass zwischen den Jahren 2015 und 2018 fast viertausend Auslandsinvestitionsprojekte in UK im Wert von 140 Mrd. USD umgesetzt wurden. Das waren mehr als in Frankreich und Deutschland zusammen. 43 % der Fortune-500-Unternehmen (die globalen Umsatz-Leader) haben ihren europäischen Hauptsitz in London. Insgesamt beheimatet Großbritannien 57 % dieser Unternehmen, Genf kommt auf 4 % und Amsterdam auf 2 %. Der Bericht bescheinigt UK, einen attraktiven Standort für High-Tech entwickelt zu haben.[212]

Die wahre Geschichte wird von britischen Behörden – hier das „Office for National Statistics" – erzählt. Das Rekordjahr 2016 (siehe Abbildung 48 mit erratischen Ausschlägen) basiert auf Merger & Acquisitions. Es handelt sich folglich um Übernahmen (SAB Miller, ARM Holding und BG Group)[213], die besonders durch die Nullzins-Politik gefördert wurden.[214] Es sind durchweg keine Green- und Brownfield-Investitionen. Es sind lediglich grenzüberschreitende Umbuchungen, die statistisch wie echte Investments daherkommen. Es werden Werte zwischen Nationen bzw. Finanzplätzen verschoben.

Und welcher Standort in Europa bietet sich an, wenn lediglich die Besitzverhältnisse in Papieren verändert werden? *APPLE Inc.* hatte mit einem Federstrich im Jahr 2015 Unternehmenswerte nach Dublin/ Irland (Steueroase) verschoben und dort ein viel bestauntes BIP-

---

[211] Ebenda.

[212] Deloitte 2019, o.S.

[213] Office for National Statistics 2016, o.S.

[214] Büschemann 2010, o.S.

Wachstum von 26% ausgelöst[215], ohne dass ein(e) Ire/in auch nur einen Cent mehr zur Verfügung hatte. Es ging mal wieder nur um Steuervermeidung. Die Unternehmen suchen sich Orte mit wenig Regulierungen und steuerlichen Vorteilen. Der papierne Besitz muss nur über die Grenze verschoben werden. Nicht nur Oligarchen nutzen dankend diese Vorteile. Diese Spezies sucht allerdings darüber hinaus den Schutz eines Rechtsstaates, bevorzugt korrupt und ethisch unsauber.

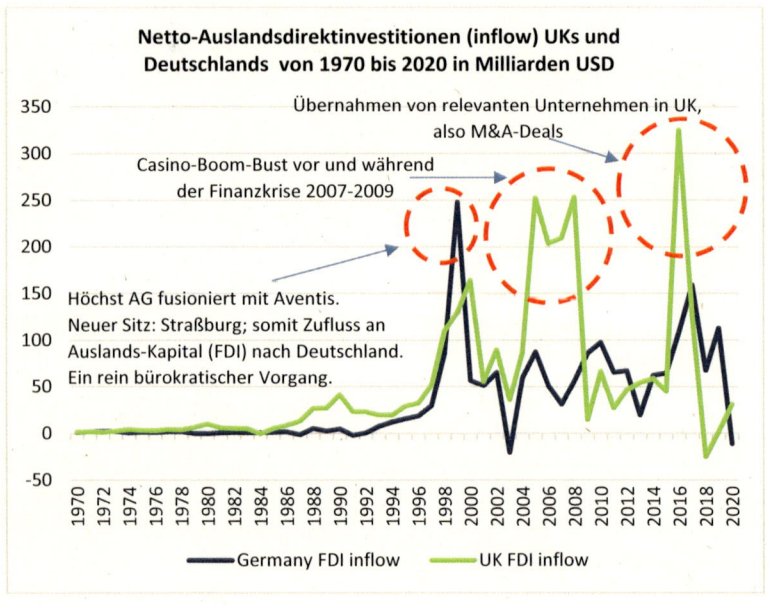

Abbildung 48: FDI-Inflows UK und Deutschland von 1970 bis 2020 in Mrd. USD

Daten: Weltbank. ©te

Das Handelsvolumen in UK stieg durch den *Big Bang* von 4,5 Mrd. auf 7,5 Mrd. USD innerhalb einer Woche nach der Deregulierung. Abbildung 48 zeigt den Anstieg der Geschäftigkeit im Jahr 1986. Die Zunahme an Millionären durch den Verkauf von Makler-Partnerschaften betrug 1.500 in dieser Wochen-Frist. In UK arbeiten über

---

[215] Brinckmann/Obermeier 2018, o.S.

1 Mio. Beschäftigte in der Finanzindustrie, davon ein großer Teil (ca. 500 Tsd.) in London und davon wieder ein großer Teil (ca. 180 Tsd.) in der City of London. Über 40 % des globalen Devisenhandels gehen durch diesen Ort.[216] Experten gehen heute davon aus, dass die City of London durch die Konsolidierung, die diversen Zusammenschlüsse und die spezifisch-technische Infrastruktur nicht mehr geografisch verschiebbar ist.

Dieses Argument richtet sich gegen Befürchtungen, der Brexit würde die Finanzplätze Paris und Frankfurt stärken. Aufgrund der britischen Deregulierung scheint die Gefahr nicht sehr groß zu sein.[217]

Die ethisch anders orientierte EU ist ein Schutz für die City of London. Der Brexit hat seinen Sinn in der Erhaltung des britischen Nexus dubioser Geschäfte. Und auch das liegt im Interesse der Oligarchen, nicht nur der russischen. Deren Nutzen liegt nicht nur in der geopolitischen Spaltung Europas, sondern auch im individuellen Interesse der Kleptokraten. Die nächste Adresse wäre Singapur. Und London wollte immer Singapur an der Themse sein, mit niedrigsten Steuern, scheinbar komplett unreguliert und extrem boomend. Singapur hat allerdings so viel „Staat" in der Wirtschaft, dass es Boris Johnson und seine *Tories* um den Schlaf bringen würde, wenn UK davon auch nur einen Teil hätte.[218]

Die *Tories* mussten inzwischen der Öffentlichkeit nachgeben und haben die „Goldene Visa" vorläufig abgeschafft. Ohne politischen Druck – auch global – wird sich im altehrwürdigen UK nichts ändern. Sie werden immer auf der Suche nach Lücken und Schlupflöchern sein, damit der Londoner Finanzplatz mit seinen vielen Offshore-Optionen nicht austrocknet.

---

[216] https://ig.ft.com/mapping-london-financial-centre/
[217] Jones 2021, o.S. Nach Jones haben erst einige Tsd. Beschäftigte UK in Richtung EU (Paris/Frankfurt) verlassen.
[218] Bloom 2022, o.S.

Banks

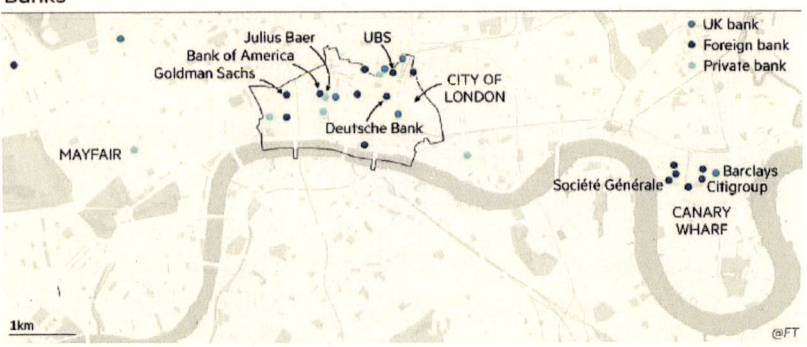

Hedge funds and asset managers

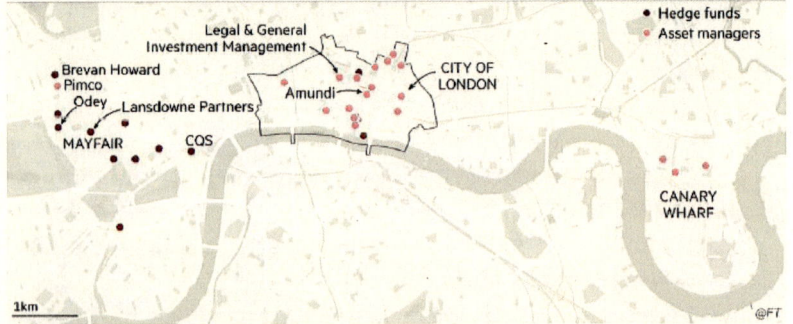

Insurers and professional services

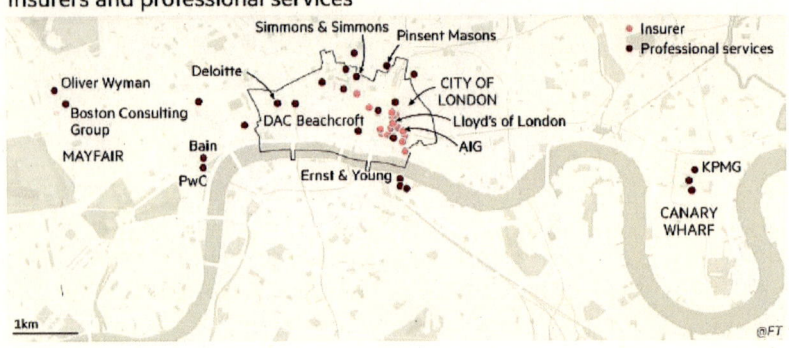

Abbildung 49: Banken, Hedgefonds, Asset-Manager, Consulter und Versicherer in London

Die Banken vergaben aus diesen Anlagen Kredite und schöpften damit US-Dollars, was eigentlich nur der FED (Federal Reverse; US-Notenbank) zusteht. Diese wiederum duldete das Treiben, weil damit der USD gepusht wurde. Aus dieser nicht ganz legalen Konstellation, der Umgehung von im Krieg eingeführten Devisenkontrollen, entwickelte sich ein gigantisches Kreditvolumen. Im Jahr 1997 konzentrierten sich 90% des internationalen Kreditgeschäfts in London. Die Kombination von US-Dollar-Offshore-Schöpfung in London mit der verzweigten geografischen Vernetzung der steuerfreien Empire-Inseln wie Jersey, Cayman Island, Bahamas etc. ist international ein Erfolgsgarant.[219]

So wurden in 2020 darüber hinaus noch über 8 Billionen £ Assets gemanagt, die auch einen sicheren und steuerfreien Hafen suchten. Auch in den Bereichen von Schuldtiteln, Finanzderivaten und Devisenhandel liegt London an der globalen Spitze.[220] Nur die Aktienmärkte sind in den USA und Asien um das x-Fache voluminöser. Dort sind Unternehmen gelistet, die auch für Waren und Service stehen, außerhalb des Geschäftsmodells, aus „Geld noch mehr Geld" zu machen, für das die City of London steht.

Das Finanzvolumen Londons relativiert den Einfluss der russischen Oligarchen auf den Finanzplatz. Auch der Euphemismus „London(grad)" trifft die Immobiliensituation nicht mehr. Der Stern der russischen Spender sinkt; Chinesen und Inder führen inzwischen das Ranking der hochkarätigen Immobilienkäufer an. Je teurer, desto höher ist der Anteil der Chinesen, die überwiegend aus Hongkong stammen. Vor der Covid-Pandemie wuchs dieser Anteil auf 20% der ausländischen Erwerber und überflügelte die russischen Käufer damit deutlich.[221] Letztere müssen sich auf mehr Kontrollen einstellen, wenn sie denn überhaupt noch hinter dem Eisernen Vorhang hervorkommen. Vielleicht gibt es vorerst keine weitere Generation der russischen Oligarchen. Momentan sind es die Kinder der zweiten Generation, die um ihr Luxusleben fürchten. Der bereits erwähnte Baron Evgeny Lebedev aus dem Oberhaus soll zum Untersuchungsfall werden, fordert die Opposition.

---

[219] Stäuber 2012, o.S.
[220] FT Reporters 2020, o.S.
[221] Stokel-Walter 2020, o.S.

Es muss auch nicht viel Fantasie aufgewendet werden, um zu verstehen, warum sowohl Russland als auch die Oligarchen den Brexit finanziell und qua Troll-Fake-News gefördert haben. Der Abschlussbericht des britischen Sicherheitsausschusses ist dann auch deutlich genug:

> „The damning conclusion is contained within the 50-page document from parliament's intelligence and security committee, which said ministers in effect turned a blind eye to allegations of Russian disruption."[222]

---

[222] Sabbah et al. 2020, o.S.

10. Fazit

Die Beziehungen von Schweiz und UK zu Russland deuten auf Ambivalenz hin. Russlands System wird abgelehnt, die Aggressionen – vor der Ukraine-Invasion in 2022 – werden verurteilt, aber das Geschäft mit russischen Firmen und dem Staat wurde geräuschlos fortgesetzt. Diese Doppelmoral ist der Spalt, der vom Kreml systematisch bearbeitet wird. Der Einfluss auf die politischen Wahlen in den USA und den Brexit in UK bezeugt das vitale Interesse Russlands, die politischen Kräfteverhältnisse in den USA und Europa zu verändern. Es ist scheinbar paradox, dass sich im Westen rechte Populisten wie Madame Le Pen in Frankreich, die AfD in Deutschland und die Trump-Anhänger in den USA ausgerechnet zu Putins Politik hingezogen fühlen.

Ein zweiter Blick darauf zeigt, dass das kein Widerspruch ist, denn es sind Bewegungen gegen freie Gesellschaften und Demokratie. Es vereinigt die Bewegungen mit Russland in Fragen der Unterdrückung von Minderheiten, denen ein Recht auf selbstbestimmtes Leben abgesprochen wird. Die Haltung zur Homosexualität ist Common Sense und lässt sich bei Putin auf die Negation der ukrainischen Kultur ausdehnen. Das hat faschistische Züge und erst der Überfall auf die Ukraine hat das Business mit Russland auch ethisch hinterfragen lassen.

Der aktuelle Vizechef des russischen Sicherheitsrates und ehemaliger Staatschef, Dmitri Medwedew, würdigt den russischen Überfall auf die Ukraine auf besondere Art:

> „Mit Russland wird nun ernsthaft gerechnet. Wie mit der Sowjetunion. Und in mancher Hinsicht sogar noch ernsthafter, dem Sanktionspaket nach zu urteilen."[223]

Ist es das, was sich die Machthaber im Kreml vorgestellt haben? Sie wollten ernst genommen werden. Was war davor? War es die Kränkung durch Obama, Russland sei nur noch eine regionale Macht?

[223] n-tv 2022a, o.S.

Oder war es die Ausladung aus dem Kreis der G8, der dann wieder zur G7 wurde? Es klingt ein wenig nach Schulhof, wo man dem Gegenüber erst einmal Gewalt antun muss, damit der Respekt gesteigert wird. Putin wird von Michail Chodorkowski als „Bandit" bezeichnet, der nicht mit Politikern der EU zu vergleichen sei.[224] Eine weitere Kostprobe von Putin-Adlatus Medwedew:

> „‚Die Idee, ein Land zu bestrafen, das über das größte Atomwaffenarsenal verfügt, ist an und für sich absurd', schrieb Medwedew bei Telegram. Dadurch werde möglicherweise ‚eine Bedrohung für die Existenz der Menschheit' geschaffen."[225]

So absurd es ist, scheint es aber eine gewisse Wirkung nicht zu verfehlen. Putin selbst gibt sich wie folgt:

> „‚Während wir die kolossale Menge an Schwierigkeiten anerkennen, die vor uns stehen, werden wir intensiv und kompetent nach neuen Lösungen suchen.' Es sei unmöglich, Russland mit einem ‚riesigen Zaun' vom Rest der Welt zu trennen."[226]

Die Zitate belegen, dass die Denkweise im Kreml nicht mit westlichen Maßstäben zu beurteilen ist. Medwedew argumentiert mit toxischer Männlichkeit und Putin gibt sich realistisch staatsmännisch. Der Kreml spielt auf beiden Spuren. Putin fasst die Lage für Russland zusammen, die sich mit dem vorliegenden Text deckt. Aus seiner Sicht ist es schon Krisen-Kommunikation. Aber Russland konnte nur vom Westen isoliert werden und selbst das nur bedingt, denn mit den wankelmütigen Staaten ergeben sich immer Möglichkeiten, die Sanktionen zumindest teilweise zu umgehen. Das Beispiel der iranischen „Widerstandswirtschaft" ist auch für Putin eine Option. Dazu werden dritte Staaten genutzt, die sich nicht gegen, aber auch nicht für den Westen positionieren.

Mit den BRICS und anderen Staaten sind fast die Hälfte der Weltbevölkerung nicht auf Seiten des Westens. Putin weiß das und handelt aktuell mit dieser Hemisphäre. Der Westen wird mit Manövern zur Gasversorgung gepiesackt, die anderen erhalten Öl unter Weltmarkt-

---

[224] Mühling 2022, o.S.
[225] n-tv 2022e, ebenda.
[226] n-tv 2022b, o.S.

preisen. Aber ist es das, was den Sinn der „militärischen Sonderoperation" ausmacht? Natürlich werden Despoten und „brutale Schläger" ernst genommen. Das Atomwaffenarsenal kombiniert mit den unglaublichen Rohstoff-Vorkommen auch im Sektor der Seltenen Erden ist mächtig. Die Voraussetzungen für eine gut funktionierende Gesellschaft könnten nicht besser sein.

Dennoch, die Bilanz ist desaströs: Es drohen und wirken Handelsbeschränkungen für relevante westliche Güter. Westliche Unternehmen haben das Land verlassen, die Automobilindustrie ist schon im Mai 2022 fast komplett eingebrochen.[227] Die Luftfahrtindustrie hat bereits Ersatzteilprobleme und wird auf neue Jets lange warten müssen.[228] Die Regale der Geschäfte in den russischen Metropolen wie Moskau und Sankt Petersburg leeren sich allmählich.[229] Das Reisen wird schwieriger auch aufgrund des eingeschränkten Luftverkehrs.[230]

Der Westen muss resümieren, dass die Transformation der UdSSR misslungen ist. Eine große Chance für einen dauerhaften Weltfrieden wurde vertan. Das heutige Russland ist in seinem Habitus noch hinter die Sowjetunion der Ära nach Stalin zurückgefallen. Was ist von der Demokratie übriggeblieben, als noch Glasnost und Perestroika die russischen Bürger begeisterte?

Die Presse ist gleichgeschaltet und das freie Wort ist verboten. Es drohen bei Nichtbeachtung bis zu zehn Jahre Haft. Russische Bürger dürfen die Bezeichnung „Krieg" nicht verwenden oder gar „militärische Spezialoperation" nicht in Anführungszeichen setzen.[231]

Und dieser Staat verbindet sich zunehmend mit denen, die als Pariastaaten gelten oder mindestens Menschrechte missachten. Die Nähe zu Belarus ist schon geopolitisch gegeben, der Iran hat eine lange Rüstungsbeziehung zu Russland, die teilweise über den Umweg Nordkoreas gepflegt wird.[232] Saudi-Arabien, das mit dem Iran verfeindet ist, kauft seit Kriegsbeginn doppelt so viel Öl, um es an Europa zu höheren Preisen weiterzuverkaufen. Die Unterstützung kennt keine

---

[227] Kluge 2022, o.S.

[228] Könen 2022, o.S.

[229] n-tv 2022d, o.S.

[230] Angerer 2022, o.S.

[231] Kramer 2022, o.S.

[232] Backfisch 2022, o.S.

ethischen Werte. Und das Bittere daran ist, dass genau das den Kolonialismus und Postkolonialismus des Westens auch charakterisiert. Putin hat auf diese Doppelmoral immer wieder hingewiesen. Es muss eine ehrliche Aufarbeitung erfolgen, um Staaten des Südens aus den Beziehungen zu Putin-Russland zu lösen. Diese Aufgabe ist genauso wichtig wie die der sozialen inneren Balance im Westen. Der Umgang mit „schmutzigen" Finanzströmen, die in Steueroasen geparkt werden, zählt auch dazu.

Das Szenario eines weiteren Wahlerfolgs der Trump'schen Republikaner in den USA könnte das Vorhaben sabotieren. Der Westen kann sich nur stärken, wenn diese Konsequenzen verhindert werden.

Literaturverzeichnis

Abberger, Klaus et al. 2020: KOF-Analysen: Konjunkturanalyse 2021/2022. https://ethz.ch/content/dam/ethz/special-interest/dual/kof-dam/documents/Medienmitteilungen/Prognosen/2020/2020_4_Winter_gesamtbericht_KA.pdf; ETH Zürich. 26.06.2022

Altwegg, Jürg 2022: Kniefall vor den Oligarchen. https://www.faz.net/aktuell/feuilleton/medien/reporter-ohne-grenzen-schweiz-schraenkt-die-pressefreiheit-ein-18041127.html. 20.05.2022

Amadeo, Kimberly 2021: Paul Volcker – The 6'7" Giant Who Ended Stagflation and Has His Own Rule. https://www.thebalance.com/who-is-paul-volcker-3306157. 27.06.2022

Angerer, Jo 2022: Hilfe, die Russen kommen nicht. https://www.derstandard.de/story/2000136131072/hilfe-die-russen-kommen-nicht. 20.07.2022

Backfisch, Michael 2022: Iran, Indien und Co.: Diese Länder helfen Putin im Krieg. https://www.waz.de/politik/ukraine-krieg-wladimir-putin-unterstuetzer-helfer-iran-china-id235887763.html. 20.07.2022

Baffes, John 2020: The Role of Income and Substitution in Commodity Demand. https://thedocs.worldbank.org/en/doc/837691583793213198-0050022020/render/BaffesWVUMarchR.pdf. 24.04.2022

Baker, Stephanie 2022: Von BP bis Volvo – Massenexodus westlichen Unternehmen aus Russland. https://www.capital.de/wirtschaft-politik/von-bp-bis-volvo---massenexodus-westlicher-unternehmen-aus-russland-31665794.html. 28.06.2022

Bank of Japan 2022: Prime Lending Rates (Principal Banks) from 1960 to 2000. https://www.boj.or.jp/en/statistics/dl/loan/prime/primeold2.htm/. 27.06.2022

Beucker, Pascal 2022: Linke ärgert sich über Klaus Ernst. https://taz.de/Streit-ueber-Russland-Sanktionen/!5866127/. 08.07.2022

Biederbeck-Ketterer, Max 2022: Russlands Industrie kann ohne westliche Technologie nicht funktionieren.
https://www.wiwo.de/politik/ausland/halbleiter-sanktionen-gegen-russland-russlands-industrie-kann-ohne-westliche-technologie-nicht-funktionieren/28150962.html. 24.06.2022

Blechner, Notker 2022: „Droht eine neue Euro-Schuldenkrise?".
https://www.tagesschau.de/wirtschaft/finanzen/euro-schuldenkrise-ezb-italien-anleihenmarkt-zinsen-zinswende-101.html. 17.06.2022

Blick 2021: So einfach können Chinesen in die Schweiz ziehen.
https://www.blick.ch/schweiz/mit-jeder-menge-geld-so-einfach-koennen-chinesen-in-die-schweiz-ziehen-id16351004.html. 18.05.2022

Blickle, Paul et al. 2019: Arbeiten für die Miete.
https://www.zeit.de/wirtschaft/2019-12/mietbelastung-mietpreise-einkommen-wohnen-deutschland. 17.06.2022

Bloom, Jonty 2022: Talk of Singapore on Thames economy is merely a reflection of BREXIT ignorance.
https://www.theneweuropean.co.uk/talk-of-singapore-of-thames-economy-is-merely-a-reflection-of-BREXIT-ignorance/. 03.06.2022

Böhm, Andrea 2021: Selbstbewusste Kenianer.
https://www.zeit.de/politik/ausland/2021-04/korruption-kenia-iwf-kredit-corona-hilfe-shitstorm. 24.06.2022

Bondolfi, Sibilla 2021: Was spricht gegen Sanktionen.
https://www.swissinfo.ch/ger/was-spricht-gegen-sanktionen-/46478164. 15.05.2022

Boughton, James M. (IMF) 2001: „Was Suez in 1956 the First Financial Crisis of the Twenty-First Century?"
https://www.imf.org/external/pubs/ft/fandd/2001/09/boughton.htm. 04.06.2022

BR Wissen 2022: Essenzielle Rohstoffe für Smartphones und die Energiewende.
https://www.br.de/wissen/umwelt/nachhaltigkeit/seltene-erden-energiewende-metalle-smartphones-china-100.html. 26.04.2022

Brandt, Hans 2019: Das Ringen um Afrika.
https://internationalepolitik.de/de/das-ringen-um-afrika. 24.06.2022

Briesemann, Daniel/ Lambrecht, Barbara 2022: ÖL: OPEC produziert weiterhin weniger als vereinbart.
https://www.sg-zertifikate.de/news-detail/oel-opec-produziert-weiterhin-weniger-als-vereinbart. 26.06.2022

Brinckmann, Bastian/ Obermeier, Frederik 2018: Apples Steuertricks kosten EU-Staaten mindestens 4 Milliarden Euro. https://www.sueddeutsche.de/wirtschaft/apple-steuern-eu-irland-1.4024640. 03.06.2022

Bundesbank 2022: Lange Zeitreihen. https://www.bundesbank.de/resource/blob/846274/cdca1430ae0ebe6a55d3eb16e160a8dd/mL/2020-10-01-14-31-02-lange-zeitreihen-xls-data.xlsx. 27.06.2022

Bundesregierung 2022: Die Sanktionen gegen Russland wurden beschlossen. https://www.bundesregierung.de/breg-de/themen/krieg-in-der-ukraine/eu-sanktionen-2007964. 24.06.2022

Bundesverfassungsgericht 2020: Urteil des Senats vom 5. Mai 2020, Randnummer 173. https://www.bundesverfassungsgericht.de/SharedDocs/Entscheidungen/DE/2020/05/rs20200505_2bvr085915.html. 17.06.2022

Büschemann, Karl-Heinz 2010: Opfer der eigenen Strategie. https://www.sueddeutsche.de/wirtschaft/ex-konzern-hoechst-opfer-der-eigenen-strategie-1.903999. 03.06.2022

Cole, Laura 2019: Seltene Erden: Europa will weniger abhängig von China werden. https://www.euractiv.de/section/finanzen-und-wirtschaft/news/seltene-erden-europa-will-weniger-abhaengig-von-china-werden/. 20.03.2022

Deloitte 2019: UK is destination of choice in Europe for foreign investment; for this to continue a pro-growth, open and stable business environment needs to be preserved, https://www2.deloitte.com/uk/en/pages/press-releases/articles/power-up-uk-inward-investment-report.html. 03.06.2022

Der Standard 2022: Wirtschaftsforscher fordern konkrete Gasnotfallpläne und empfehlen Sparaufrufe. https://www.derstandard.at/story/2000135867052/wirtschaftsforscher-fordern-konkrete-gas-notfallplaene-und-empfehlen-sparaufrufe. 09.07.2022

Deslandes, Marion 2021: Shein, die chinesische Dampfwalze der Fast Fashion. https://de.fashionnetwork.com/news/Shein-die-chinesische-dampfwalze-der-fast-fashion,1322576.html. 19.06.2022

Deslandes, Marion 2022: Shein soll Finanzierungsrunde in Höhe von einer Milliarde Dollar vorbereiten.
https://de.fashionnetwork.com/news/Shein-soll-finanzierungsrunde-in-hohe-von-einer-milliarde-dollar-vorbereiten,1394220.html. 19.06.2022

Deutsche Welle 2021: Russland streicht Dollar aus dem Staatsfond.
https://amp.dw.com/de/russland-streicht-dollar-aus-staatsfonds/a-57777399. 24.06.2022

Deutscher Bundestag 2022: Seltene Erden als wichtige Ressource.
https://www.bundestag.de/resource/blob/886424/16cb4318a6eaf7b2e5d2221d85e8192 7/WD-5-003-22-pdf-data.pdf. 23.04.2022

Deutschlandfunk 2022: Deutschland erkennt Kolonialverbrechen als Genozid an.
https://www.deutschlandfunk.de/versoehnungsabkommen-mit-namibia-deutschland-erkennt-100.html

Die Presse 2022: Felbermayr: Welthandel ist nicht in der Krise.
https://www.diepresse.com/6094979/wifo-chef-felbermayr-welthandel-ist-nicht-in-der-krise. 24.06.2022

Diekhans, Antje/Grieß, Thielko 2022: Kalaschnikows und Wagner-Söldner.
https://www.deutschlandfunkkultur.de/russland-waffen-afrika-100.html. 24.06.2022

Eda 2021: Rohstoffhandel.
https://www.eda.admin.ch/aboutswitzerland/de/home/wirtschaft/taetigkeitsgebiete/rohstoffhandel.htm. 18.05.2022

Eisenring, Christoph 2021: Globale Mindeststeuer: Schweiz schließt sich den Plänen nur widerwillig an.
https://www.nzz.ch/wirtschaft/globale-mindeststeuer-schweiz-hat-grosse-bedenken-ld.1633431?reduced=true. 18.05.2022

Emendörfer, Jan 2022: „Wir sind vorbereitet": Polen kontert russisches Gasembargo mit neuer Ostsee-Pipeline.
https://www.rnd.de/politik/polen-gas-stopp-laut-vizeaussenminister-kein-problem-wegen-ostsee-pipeline-J4DPFLQISFFODMMJNY7W5LUQ3A.html. 08.07.2022

Engel&Völkers 2022: Marktbericht Wohnimmobilien.
https://www.engelvoelkers.com/de-de/research/immobilienpreisentwicklung/. 18.06.2022

Epifanova, Alena 2022: Zukunftstechnologien ohne Zukunft. Russlands Gesetzgebung und Importsubstitution im IT-Bereich.
https://www.laender-analysen.de/russland-analysen/388/zukunftstechnologien-gesetzgebung-und-importsubstitution-im-it-bereich/. 24.06.2022

Esch, Christian 2022: Putins Ahnen.
https://www.spiegel.de/ausland/krieg-gegen-die-ukraine-wladimir-putin-vergleicht-sich-mit-zar-peter-dem-grossen-a-0bc438c8-2d92-4c12-afca-5cf96c2f6f59. 27.06.2022

Etzensberger, Christian/ Maurer, Claude 2008: Die Schweiz als Drehscheibe des Rohstoffhandels.
https://dievolkswirtschaft.ch/de/2008/09/maurer-7/. 14.05.2022

EU 2017: Amtsblatt der Europäischen Union.
https://eur-lex.europa.eu/legal-content/DE/TXT/PDF/?uri=CELEX:32017R1938&from=DE. 12.07.2022

Fargahi, Nina 2022: Wie sich reiche Russen ein Aufenthaltsrecht in der Schweiz kaufen.
https://www.watson.ch/amp/!385099701. 18.05.2022

Felbermayr, Gabriel 2022: Totgesagte leben länger: Die Globalisierung steht an einem Wendepunkt.
https://kurier.at/wirtschaft/felbermayr-ukraine-krieg-beendet-glorreiche-jahre-der-globalisierung/401957701. 24.06.2022

Finanzen.net 2019: Ausverkauf in den USA: Das alles gehört China in den Vereinigten Staaten.
https://www.finanzen.net/nachricht/aktien/chinas-us-investitionen-ausverkauf-in-den-usa-das-alles-gehoert-china-in-den-vereinigten-staaten-7025222. 24.06.2022

Finanzen.net 2022: US-Dollar – Türkische Lira (26.06.2022).
https://www.finanzen.net/devisen/us_dollar-tuerkische_lira-kurs. 26.06.2022

Flassbeck, Heiner/Steinhardt, Paul 2018: Gescheiterte Globalisierung, Berlin: edition suhrkamp.

Fokus 2022: Wenn die Chemie nicht mehr stimmt.
https://www.focus.de/magazin/archiv/titel-wenn-die-chemie-nicht-mehr-stimmt_id_80606847.html. 08.07.2022

Frank, Stefan 2018: Iranische Geisterschiffe: Gefahr für den internationalen Schiffsverkehr.
https://www.mena-watch.com/iranische-geisterschiffe-gefahr-fuer-den-internationalen-schiffsverkehr/. 23.05.2022

FRED 2022: Federal Funds Effektive Rate.
    https://fred.stlouisfed.org/graph/?id=RIFSPFFNA. 27.06.2022

FT Reporters 2020: How London grew into a financial powerhouse.
    https://ig.ft.com/mapping-london-financial-centre/. 04.06.2022

Fuchs, Michael et al. 2022: „USA verhängen Sanktionen gegen Türkei – was
    hat das für Auswirkungen?"
    https://www.stern.de/politik/ausland/usa-verhaengen-sanktionen-gegen-
    tuerkei---was-hat-das-fuer-auswirkungen--8955130.html. 26.06.2022.

Fuster, Thomas 2021: Vor 50 Jahren überrumpelte Richard Nixon die Welt.
    Ob der „Nixon-Schock" die Welt stabiler machte, ist bis heute um-
    stritten.
    https://www.nzz.ch/wirtschaft/der-nixon-schock-praegt-das-geldwesen-
    bis-heute-ld.1639813. 31.05.2022

Glüsing, Jens/ Hage, Simone/ Jung, Alexander/ Klawitter, Nils/ Schultz, Ste-
    fan 2021: Raubbau für die Rettung des Planeten. Der SPIEGEL 44/2021.
    https://www.spiegel.de/wirtschaft/energiewende-wie-bodenschaetze-
    fuer-gruene-technologien-ausgebeutet-werden-a-7c0a3f1e-26f6-4ed1-
    b936-a4082f09886e

Goddard, James 2022: UK Trade with Russia.
    https://lordslibrary.parliament.uk/uk-trade-with-russia/. 01.06.2022

Güßgen, Florian/ Haerder, Max/ Salz, Jürgen 2022: Die Kriegswirtschaft rückt
    näher.
    https://www.wiwo.de/politik/deutschland/debatte-um-den-gasverbrauch-
    die-kriegsmangelwirtschaft-rueckt-naeher/28433566.html. 08.07.2022

Güsten, Susanne 2020: Türkei kündigt Vergeltung gegen US-Sanktionen an.
    https://www.tagesspiegel.de/politik/ankara-im-abseits-tuerkei-kuendigt-
    vergeltung-gegen-us-sanktionen-an/26721806.html. 26.06.2022

GWBMA 2021: „How many Foreign Companies in China?"
    https://www.registrationchina.com/articles/how-many-foreign-
    companies-in-china. 26.06.2022

Hagelüken, Alexander 2022: Deutschland braucht seine Industrie.
    https://www.sueddeutsche.de/wirtschaft/gas-russland-deutsche-
    industrie-arbeitsplaetze-marine-le-pen-frankreich-wahlen-
    1.5565748?reduced=true. 02.05.2022

Haller, Lea 2021: Rohstoffhandel: Wie die Schweiz zur Drehscheibe wurde.
    https://dievolkswirtschaft.ch/de/2021/05/rohstoffhandel-wie-die-
    schweiz-zur-drehscheibe-wurde/. 20.05.2022

Handelsblatt 2013: Rohstoff-Riese Glencore schließt Milliarden-Fusion ab.
https://www.handelsblatt.com/unternehmen/energie/kauf-von-xstrata-rohstoff-riese-glencore-schliesst-milliarden-fusion-ab/8152716.html.
14.05.2022.

Handelszeitung 2021a: Abhängigkeit von China: EU will Seltene Erden selber herstellen.
https://www.handelszeitung.ch/specials/impulse-fur-eine-starke-schweiz-und-ein-starkes-europa/abhangigkeit-von-china-eu-will.
24.04.2022

Handelszeitung 2021b: Welthandel 2021 auf Rekordniveau – trotz Pandemie.
https://www.handelszeitung.ch/newsticker/welthandel-2021-auf-rekordniveau-trotz-pandemie. 19.07.2021.

Handelszeitung 2022: Shein soll 100 Milliarden Dollar wert sein – mehr als H&M und Zara zusammen.
https://www.handelszeitung.ch/unternehmen/shein-soll-100-milliarden-dollar-wert-sein-mehr-als-hm-und-zara-zusammen. 19.06.2022

Hartmann, Fabian 2022: „Unsinnige Sanktionen sofort aufheben": Wagenknecht fordert Kauf von Öl und Gas aus Russland.
https://www.fr.de/politik/ukraine-krieg-sahra-wagenknecht-russland-sanktionen-linkspartei-klaus-ernst-zr-91656351.html. 09.07.2022

Hauberg, Sven 2022: China und Indien: Beziehungen zwischen den beiden Atommächten weiter „nicht normal".
https://www.merkur.de/politik/china-indien-wang-yi-besuch-peking-neu-delhi-himalaya-konflikt-ukraine-indischer-ozean-zr-91433305.html.
26.06.2022

Hechler, Daniel 2022: Dubai stellt keine Fragen.
https://www.tagesschau.de/ausland/asien/dubai-russland-oligarchen-101.html. 18.05.2022

Hechler, Daniel 2022: Putins Blaupause.
https://www.tagesschau.de/ausland/asien/russland-syrien-151.html.
18.06.2022

Hempel, Dirk 2019: 1944: Angriff mit V1-Bomben auf London.
https://www.ndr.de/geschichte/chronologie/veinsbombe100_page-2.html. 19.07.2022.

Heuer, Christine 2022: „Londongrad" soll sauber werden.
https://www.deutschlandfunkkultur.de/england-london-oligarchen-100.html; 28.04.2022

Heuer, Olaf/ Schindler, Jörg 2022: Oligarchen sind für Großbritannien system-relevant.
https://www.spiegel.de/ausland/oligarchen-sind-fuer-grossbritannien-systemrelevant-podcast-a-c001f083-5f41-489d-8b65-c5303e11ef7a.
01.06.2022

Hindustan News Hub 2022: Nabiullina warns of running out of stocks in Russia – The Moscow Times.
https://hindustannewshub.com/russia-ukraine-news/nabiullina-warns-of-running-out-of-stocks-in-russia-the-moscow-times/. 24.06.2022

Hirt, Oliver/ Schmieder, Albert 2014: Teurer US-Steuerstreit – Rekordstrafe für Credit Suisse.
https://www.reuters.com/article/schweiz-credit-suisse-idDEKBN0E00QF20140520. 13.05.2022

Höhler, Gerd 2021: Die türkische Währung stürzt ab, die Bevölkerung ist unzufrieden und europäische Banken wollen raus.
https://www.luzernerzeitung.ch/wirtschaft/die-tuerkische-waehrung-stucrzt-ab-die-bevoelkerung-ist-unzufrieden-und-europaeische-banken-sind-besorgt-ld.2221592. 26.06.2022

Höhler, Gerd 2022: Putin dreht Bulgaren den Gashahn zu – doch in Sofia finden sie kluge Antworten.
https://www.handelsblatt.com/politik/international/ukraine-krieg-putin-dreht-bulgaren-den-gashahn-zu-doch-in-sofia-finden-sie-kluge-antworten/28337146.html. 08.07.2022

Hosp, Gerald 2021: Steigender Erdölpreis: Opec findet und findet keine Lösung.
https://www.nzz.ch/wirtschaft/steigender-erdoelpreis-die-opec-findet-und-findet-keine-einigung-ld.1633686. 16.06.2022

Hosp, Gerald 2022: Die EU versucht, den weltweiten Handel mit russischem Erdöl abzuschnüren – mit Folgen für den Schweizer Rohstoffhandels-platz.
https://www.nzz.ch/wirtschaft/die-eu-versucht-den-weltweiten-handel-mit-russischem-erdoel-abzuschnueren-mit-folgen-fuer-den-schweizer-rohstoffhandelsplatz-ld.1683310. 15.05.2022

Hosp, Gerald 2022b: Wie sich der Ukraine-Krieg auf den Rohstoffhandels-platz Schweiz auswirkt.
https://www.nzz.ch/wirtschaft/ukraine-krieg-rohstoffhaendler-zwischen-panik-und-profiten-ld.1674188. 16.05.2022

Immoheld 2022: „Wie entwickeln sich die Immobilienpreise aktuell?",
https://immoheld.eu/wissen/immobilienpreise-2022/. 18.06.2022

Insight africa 2021: Bergbau: Neue Gespräche über Schulden des Tschad bei Glencore.
https://www.afrikaverein.de/en/insight-africa/news/bergbau-neue-gespraeche-ueber-schulden-des-tschad-bei-glencore/. 18.05.2022

ISE 2022: Seltene Erden/ Rare Earth Elements/REE.
https://institut-seltene-erden.de/seltene-erden-und-metalle/seltene-erden/. 27.04.2022

Jones, Huw 2021: London banking job exodus to eu slows despite brexit.
https://www.reuters.com/business/finance/london-banking-job-exodus-eu-slows-despite-brexit-2021-12-20/. 04.06.2022

Katz, Mark et al. 2013: „Keine Solidarität mit dem Westen". Osteuropa, 63(9), S. 45-56.
https://www.jstor.org/stable/44936151, 15.06.2022

Käufer, Tobias 2022: Die BROCS-Staaten und ihre Haltung zu Russland.
https://www.dw.com/de/die-brics-staaten-und-ihre-haltung-zu-russland/a-61280242. 24.06.2022

Kenk, Kadi 2021: Greenwashing in Fast Fashion: The Case of Shein.
https://letsdoit foun dation.org/2022/04/05/greenwashing-in-fast-fashion-the-case-of-shein/. 19.06.2022

Kennedy, Simon 2021: Fed Inflation Risk Puts Summers at Odds With Krugman.
https://www.bloomberg.com/news/articles/2021-11-05/summers-says-he-disagrees-with-krugman-on-fed-s-inflation-risk. 19.06.2022

Keusch, Nelly et al. 2022: Der Krieg und der Hunger: Warum die Welt vor einer Nahrungsmittelkrise steht.
https://www.nzz.ch/wirtschaft/hungerkrise-ukraine-russland-weizen-teil-ii-ld.1686753?reduced=true. 27.06.2022

Keynes, John Maynard (1936): The General Theory of Employment, Interest and Money; Prometheus Books, New York 1997.

Klein, Martin 2022: Krieg in der Ukraine: Das Ende der Neuen Seidenstraße?
https://www.wirtschaftsdienst.eu/inhalt/jahr/2022/heft/3/beitrag/krieg-in-der-ukraine-das-ende-der-neuen-seidenstrasse.html. 26.06.2022

Kluge, Janis 2022: Wirkung der Russland-Sanktionen: Putins schwerste Wirtschaftskrise.
https://www.swp-berlin.org/publikation/wirtschaftssanktionen-gegen-russland-internationale-perspektiven-und-globale-auswirkungen#publication-article-55. 22.07.2022.

Kollbrunner, Timo 2021: Schuften für Shein.
https://stories.publiceye.ch/shein/. 19.06.2022

Könen, Jens 2022: Keine Ersatzteile, keine neuen Jets – der russischen Luftfahrt droht der Kollaps.
https://www.handelsblatt.com/unternehmen/sanktionen-keine-ersatzteile-keine-neuen-jets-der-russischen-luftfahrt-droht-der-kollaps/28248122.html. 19.07.2022.

König, Andreas 2022: Kein Glas ohne russisches Gas.
https://www.tagesschau.de/wirtschaft/unternehmen/gaslieferungen-sorgen-engpass-industrie-101.html. 09.07.2022

Kramer, Bernd 2022: 103 500 000 Dollar.
https://www.sueddeutsche.de/medien/muratow-nobelpreis-versteigert-1.5606112. 18.07.2022

Kretschmer, Fabian 2022: Peking ringt um Worte.
https://www.stuttgarter-zeitung.de/inhalt.ukrainekrieg-was-macht-china-peking-ringt-um-worte.6457bb19-53db-4e69-959d-f4195b03711a.htm. 19.06.2022

Krugman, Paul/ Obstfeld, Maurice 2006: Internationale Wirtschaft. 7. aktualisierte Auflage, Pearson Studium 2006.

Kühl, Christiane 2022: Saftige Preisnachlässe: Russland nun größter Erdöl-Lieferant für China.
https://www.merkur.de/politik/china-ukraine-krieg-erdoel-russland-shandong-zr-91620367.html. 24.06.2022

Lagos, Ikoyi 2022: Recht und Steuern in Nigeria.
https://www.wko.at/service/aussenwirtschaft/recht-steuern-in-nigeria.html. 22.06.2022

Lanhee Lee, Jane 2022: Von der Schwierigkeit, westliche Chips aus russischen Waffen fernzuhalten.
https://www.elektronikpraxis.vogel.de/von-der-schwierigkeit-westliche-chips-aus-russischen-waffen-fernzuhalten-a-1107897/. 24.06.2022

Lannen, Anu 2016: Die Schweiz und der Rohstoffhandel, swiss academies factsheets, Vol. 11, No. 1.
https://www.business-humanrights.org/documents/8211/a_factsheet_rohstoffe_DE_web_0.pdf. 13.07.2022

Losse, Bert 2019: „Der Machtkampf zwischen den USA und China dauert mindestens 20 Jahre".
https://amp2.wiwo.de/politik/ausland/ifw-praesident-felbermayr-der-machtkampf-zwischen-den-usa-und-china-dauert-mindestens-20-jahre/24852826.html. Interview mit G. Felbermayr. 24.06.2022

Lücke, Nicole 2021: Bosch eröffnet eine der modernsten Chipfabriken der Welt.
https://www.ingenieur.de/technik/fachbereiche/industrie40/bosch-eroeffnet-eine-der-modernsten-chipfabriken-der-welt/. 02.05.2022

Macho, Andreas 2017: Der mysteriöse Glencore-Deal.
https://www.wiwo.deunternehmen/energie/rosneft-der-mysterioese-glencore-deal/20302558.html. 16.05.2022

Manager-Magazin 2022: Die Panik um seltene Erden ist zurück.
https://www.manager-magazin.de/politik/weltwirtschaft/seltene-erden-neue-angst-vor-kontrolle-kritischer-rohstoffe-durch-china-a-49876e0b-69ca-4b4d-8162-002f1c4101fb. 23.04.2022

Manners, David 2021: 19 new fabs being started this year.
https://www.electronicsweekly.com/news/business/19-new-fabs-started-years-2021-06/. 02.05.2022

Masala, Carlos 2018: Welt-Unordnung. 2. veränderte Auflage 2018, C.H. Beck-Verlag.

Mautes, Christoph 2021: Hohe Preise für Gebrauchtwagen – das müssen Sie wissen.
https://www.swrfernsehen.de/marktcheck/gebrauchtwagen-immer-teurer-100.html. 26.06.2022

Mayntz, Gregor/ Kessler, Martin 2022: „Russland-Sanktionen schaden der Wirtschaft".
https://rp-online.de/politik/sahra-wagenknecht-russland-sanktionen-schaden-der-wirtschaft_aid-17979523. 09.08.2022

Miller, Hugo/ Halftermeyer, Marion 2022: Vergesst Londongrad: Die Schweiz ist der größere Fluchthafen reicher Russen.
https://www.capital.de/wirtschaft-politik/vergesst-londongrad--die-schweiz-ist-der-groessere-fluchthafen-reicher-russen-31669278.html. 18.05.2022

Moore, Rowan 2022: How London became the place to be for Putin's oligarchs.
https://www.theguardian.com/uk-news/2022/mar/06/how-london-became-the-place-to-be-for-putins-oligarchs. 03.06.2022

Mühling, Jens 2022: Ex-Oligarch und Putins Intimfeind: „Putin denkt wie ein Bandit. Da hilft nur: Stärke zeigen".
https://www.stern.de/politik/ausland/kreml-kenner-michail-chodorkowskij--wie-putin-denkt-und-was-der-westen-tun-sollte-32510662.html. 19.07.2022

Nagel, Joachim 2022: Auswirkungen der russischen Aggression auf die Inflationsaussichten und Reaktion der Geldpolitik.
https://www.bundesbank.de/de/presse/reden/auswirkungen-der-russischen-aggression-auf-die-inflationsaussichten-und-reaktion-der-geldpolitik-890588, 24.06.2022

National Army Museum 2022: Opium War.
https://www.nam.ac.uk/explore/opium-war-1839-1842. 03.06.2022

National Geographic Kids 2022: British Empire Facts.
https://www.natgeokids.com/uk/discover/history/general-history/british-empire-facts/. 03.06.2022

Neate, Rupert/ Allegretti, Aubrey 2022: Russian oligarchs on UK sanctions list were granted ‚golden visas‘.
https://www.theguardian.com/uk-news/2022/mar/30/russian-oligarchs-on-uk-sanctions-list-were-granted-golden-visas. 04.06.2022

n-tv 2022a: Medwedew: Russland wird wieder ernst genommen.
https://www.n-tv.de/politik/Medwedew-Russland-wird-wieder-ernst-genommen-article23453060.html. 19.07.2022.

n-tv 2022b: Putin nennt Sanktionen „große Herausforderung“.
https://www.n-tv.de/wirtschaft/Putin-nennt-Sanktionen-grosse-Herausforderung-article23471900.html. 19.07.2022

n-tv 2022c: Putin: Haben in der Ukraine noch gar nicht richtig angefangen.
https://www.n-tv.de/politik/Putin-Haben-in-der-Ukraine-noch-gar-nicht-richtig-angefangen-article23449782.html. 08.07.2022

n-tv 2022d: Russland leidet zunehmend unter Sanktionen.
https://www.n-tv.de/wirtschaft/Russland-leidet-zunehmend-unter-Sanktionen-article23465525.html. 20.07.2022.

n-tv 2022e: Von der Leyen sieht Russlands Bankrott kommen.
https://www.n-tv.de/wirtschaft/Von-der-Leyen-sieht-Russlands-Bankrott-kommen-article23272989.html, 15.05.2022

Nytimes 2016: The Perfect Weapon: How Cyberpower invaded the US.
https://www.nytimes.com/2016/12/13/us/politics/russia-hack-election-dnc.html. 24.06.2022

Nytimes 2017: Signs of Russian Meddling in Brexit Referendum.
https://www.nytimes.com/2017/11/15/world/europe/russia-brexit-twitter-facebook.html. 24.06.2022

Obermaier, Frederik et al. 2022: Das Schweizer Bankgesetz ist ein Beispiel für die Kriminalisierung von Journalismus.
https://www.spiegel.de/ausland/bankengesetz-in-der-schweiz-bedrohung-der-pressefreiheit-a-4a0046a7-b38c-4f91-9344-886304c3f0dc. 20.05.2022

Office for National Statistics 2016: Foreign direct investment involving UK companies: 2016.
https://www.ons.gov.uk/economy/nationalaccounts/balanceofpayments/bulletins/foreigndirectinvestmentinvolvingukcompanies/2016. 04.06.2022

Paal, Gabor 2022: „Warum ist die Krim für Russland so wichtig?".
https://www.swr.de/wissen/1000-antworten/warum-ist-die-krim-fuer-russland-so-wichtig-100.html. 27.06.2022

Parker, Sam/ Wadsworth, Clayton 2022: Who's Still Buying Fossil From Russa?"
https://elements.visualcapitalist.com/importers-of-russian-fossil-fuels/. 11.07.2022

Pelosi, Dario 2022: Glencore zu Milliardenstrafe wegen Korruptionsfällen verdonnert.
https://www.srf.ch/news/wirtschaft/manipulation-und-bestechung-glencore-zu-milliardenstrafe-wegen-korruptionsfaellen-verdonnert. 26.05.2022

Peters, Maren 2019: Ein dunkles Kapitel Schweizer Geschichte.
https://www.srf.ch/news/wirtschaft/geschaefte-mit-apartheid-regime-ein-dunkles-kapitel-schweizer-geschichte. 14.05.2022

Pfaff, Isabel 2022: Ernsthafte Bedrohung.
https://www.sueddeutsche.de/medien/pressefreiheit-schweiz-1.5587979. 24.05.2022

Pfeifer, David 2021: Indien und China steuern auf Eskalation zu.
https://www.sueddeutsche.de/politik/indien-china-grenzkonflikt-1.5437638. 24.06.2022

Pladsen, Kristie 2022: G7: Ernährungskrise könnte ärmere Nationen in Chinas Arme treiben.
https://www.dw.com/en/g7-food-security-crisis-could-push-poorer-nations-into-chinas-arms/a-62281742. 28.06.2022

Platz, Sarah 2022: Russland erlebt einen Exodus an schlauen Köpfen.
https://www.capital.de/wirtschaft-politik/brain-drain--russland-erlebt-einen-exodus-an-schlauen-koepfen-31782382.html. 24.06.2022

Pongratz, Elisabeth 2022: Wie sich Italien von Russlands Gas lösen will.
        https://www.tagesschau.de/wirtschaft/weltwirtschaft/italien-
        gasversorgung-101.html. 08.07.2022

Produktion 2019: Die 10 größten britischen Industrieunternehmen.
        https://www.produktion.de/wirtschaft/die-20-groessten-britischen-
        industrieunternehmen-218.html. 01.06.2022

Pumpe, Werner 2022: Die EZB darf den Volcker-Schock nicht vergessen.
        https://www.wiwo.de/politik/konjunktur/wiwo-history-die-ezb-darf-
        den-volcker-schock-nicht-vergessen/28031742.html. 2706.2022

Reuters 2022: New EU sanctions on Russia to target Sberbank, Commission
        head tells paper.
        https://www.reuters.com/business/finance/new-eu-sanctions-russia-
        target-sberbank-commission-head-tells-paper-2022-04-16/. 24.06.2022

Rhodes, Chris 2020: Manufactoring: Statistics and policy.
        https://researchbriefings.files.parliament.uk/documents/SN01942/
        SN01942.pdf.

Ritscher, Anina 2022: Die Steueroase trocknet nicht aus.
        https://taz.de/Schweiz-trotzt-globaler-Mindeststeuer/!5831894/.
        18.05.2022

Roberson, Jamie 2016: How the big Bang changed the City of London for ever.
        https://www.bbc.com/news/business-37751599. 01.06.2022

Rührmair, Christof 2021: Chipfabriken: Monate für den Durchlauf – Jahre für
        den Bau.
        https://www.produktion.de/wirtschaft/chipfabriken-monate-fuer-den-
        durchlauf-jahre-fuer-den-bau-103.html. 24.04.2022

Ruiz Leotaud, Valentina 2021: Researchers find new way to locate untapped
        rare earths deposits worldwide.
        https://www.mining.com/researchers-find-new-way-to-locate-
        untapped-rare-earths-deposits-worldwide/. 26.04.2022

Sabbah, Luke et al. 2020: Russia report reveals UK government failed to
        investigate Kremlin interference.
        https://www.theguardian.com/world/2020/jul/21/russia-report-reveals-
        uk-government-failed-to-address-kremlin-interference-scottish-
        referendum-brexit. 03.06.2022

Sattar, Mayid 2022: Biden macht Druck auf Indien.
        https://www.faz.net/aktuell/politik/ausland/biden-macht-druck-auf-
        indien-wegen-bindung-an-russland-17954394.htm. 19.07.2022.

Schalow, Thomas 2018: Qualcomm: China verhindert Milliardenübernahme.
    https://www.asiafundmanagers.com/de/qualcomm-china-verhindert-
    milliardenuebernahme. 02.05.2022

Schubert, Christian 2022: Draghi: „Wollen Sie Frieden oder eine laufende
    Klimaanlage?"
    https://www.faz.net/aktuell/wirtschaft/mehr-wirtschaft/mario-draghi-
    facht-die-debatte-um-ein-gas-embargo-an-17942702.html. 09.07.2022

Schultz, Stefan 2022: EU ist auch von russischem Uran abhängig.
    https://www.spiegel.de/wirtschaft/soziales/ukraine-krieg-eu-ist-auch-
    von-russischem-uran-abhaengig-a-d9575895-93da-4274-a5e5-
    167f4d9d2f0f. 24.06.2022

Scriba, Arnulf 2021: Tod und Verwundung.
    https://www.dhm.de/lemo/kapitel/erster-weltkrieg/kriegsverlauf/tod-
    und-verwundung.html. 19.07.2022

Senz, Karin 2022: Türkische Inflation steigt auf 73,5 Prozent.
    https://www.tagesschau.de/wirtschaft/weltwirtschaft/
    inflation-tuerkei-mai-101.html. 16.06.2022

Senzel, Holger/ Wurzel, Steffen 2020: Der Konflikt im südchinesischen Meer.
    https://www.deutschlandfunk.de/pekings-imperialismus-der-konflikt-
    im-suedchinesischen-meer-100.html. 24.06.2022.

Serif, Moritz 2022: Habeck stellt Priorisierung von Privathaushalten infrage
    – Unternehmen könnten Vorrang haben.
    https://www.fr.de/politik/robert-habeck-gas-krise-energie-industrie-
    privathaushalte-ukraine-krieg-news-zr-91663492.html. 12.07.2022

Serif, Moritz/ Maier, Lucas 2022: Nord-Stream 1 abgeschaltet: Turbine aus
    Kanada könnte Versorgung sichern.
    https://www.fr.de/politik/russland-krieg-ukraine-energie-nord-stream-
    gas-wichtigste-gas-leitung-deutschland-wird-gekappt-kanada-hebelt-
    sanktionen-aus-zr-91658510.html. 11.07.2022

SIG Fiduciaire 2021: Unternehmenssteuern in der Schweiz.
    https://www.firmengruendungschweiz.com/unternehmenssteuern-in-
    der-schweiz. 18.05.2022

Simon, Frederic 2020: Sefcovic: EU muss bei Rohstoffen „viel strategischer"
    agieren.
    https://www.euractiv.de/section/finanzen-und-wirtschaft/interview/
    sefcovic-eu-muss-bei-rohstoffen-viel-strategischer-agieren/. 24.04.2022

Spiegel 2019: USA heben Sanktion gegen Rusal auf.
    https://www.spiegel.de/wirtschaft/soziales/usa-heben-sanktionen-gegen-
    russischen-aluminiumkonzern-rusal-auf-a-1250296.html. 24.06.2022

Statista 2022a: Anzahl der zahlenden Streaming-Abonnenten von Netflix weltweit vom 3. Quartal 2011 bis zum 1. Quartal 2022. https://de.statista.com/statistik/daten/studie/196642/umfrage/ abonnenten-von-netflix-quartalszahlen/. 19.07.2022

Statista 2022b: Durchschnittlicher Preis für Erdgas in Europa von Juni 2015 bis Juni 2022. https://de.statista.com /statistik/daten/studie/1265554/umfrage/ durchschnittlicher-preis-fuer-erdgas-in-europa-monatlich/ 12.07.2022

Statista 2022c: Entwicklung des DAX in den Jahren von 1987 bis 2021. https://de.statista.com/statistik/daten/studie/199158/umfrage/ jaehrliche-entwicklung-des-dax-seit-1987/. 18.06.2022

Statista 2022d: Entwicklung des Wohnungsmietindex für Deutschland von April 2019 bis April 2022. https://de.statista.com/statistik/daten/studie/609521/umfrage/ monatlicher-mietindex-fuer-deutschland/. 24.06.2022

Statista 2022e: Entwicklung der Dividendenzahlungen der DAX-Unternehmen in den Jahren von 2003 bis 2022. https://de.statista.com/statistik/daten/studie/4761/umfrage/ dividendenzahlungen-der-dax-unternehmen/. 24.06.2022

Statista 2022f: Zahl der Toten nach Staaten im Zweiten Weltkrieg in den Jahren 1939 bis 1945. https://de.statista.com/statistik/daten/studie/1055110/umfrage/ zahl-der-toten-nach-staaten-im-zweiten-weltkrieg/. 19.07.2022

Statistisches Bundesamt 2021: Die Folgen der Corona-Pandemie in 10 Zahlen. https://www.destatis.de/DE/Presse/Pressemitteilungen/2021/03/ PD21_N023_p001.html. 01.07.2022

Stäuber, Peter 2012: Die Macht der Quadratmeile. https://www.woz.ch/1211/ finanzplatz-city-of-london/die-macht-der-quadratmeile. 01.06.2022

Stiglitz, Joseph 2004: Die Schatten der Globalisierung. Goldmann Verlag, München.

Stokel-Walter, Chis 2020: Russia blazed a trail for Chinese oligarchs ton ab London property. https://www.wired.co.uk/article/russia-report-real-estate. 03.06.2022

Summers, Larry 2017: „AIIB: We have lost the Influence". https://larrysummers.com/2015/04/17/aiib-we-have-lost-influence/

TableMedia 2022: China verkauft US-Erdgas an Europa weiter. https://table.media/china/news/china-verkauft-us-erdgas-an-europa-weiter/. 24.06.2022

Taylor, Adam 2013: Margaret Thatcher Fought One Huge Battle That Changed The UK Forever.
https://www.businessinsider.com/thacher-versus-the-unions-2013-4. 04.06.2022

The Global Economy 2020: Singapur: Leistungsbilanz, Mrd. USD, 1972-2020.
https://de.theglobaleconomy.com/Singapore/current_account_dollars/. 04.06.2022

Thornton, Philip 2006: Britain pays off final instalment os US loan – after 61 years.
https://www.independent.co.uk/news/business/news/britain-pays-off-final-instalment-of-us-loan-after-61-years-430118.html. 01.06.2022

Tietz, Volker 2022: Schlupfloch entdeckt: Indien verkauft russisches Öl in Europa.
https://www.focus.de/finanzen/news/schlupfloch-entdeckt-indien-verkauft-russisches-oel-in-europa_id_107990831.html. 19.07.2022

Transparency 2022: Stats Reveal Extent of Suspect Wealth in UK Property and Britain's Role as Global Money Laundering Hub.
https://www.transparency.org.uk/uk-money-laundering-stats-russia-suspicious-wealth. 03.06.2022

Tuschi, Cyril 2011: Der Fall Chodorkowski.
https://www.amazon.de/s?k=chordokowski&i=instant-video. 10.03.2021

Von Schwerin, Ulrich 2021: Wie Iran mit den Sanktionen leben gelernt hat.
https://www.nzz.ch/international/iran-wie-wirksam-sind-die-sanktionen-der-usa-wirklich-ld.1659618. 20.05.2022

Von Winkler, Claus 2021: Royal Dutch Shell verlegt Sitz ins UK, um eigene Aktienstruktur anzupassen.
https://www.auslandsunternehmen.com/aktuelles/royal-dutch-shell-verlegt-sitz-ins-uk. 26.06.2022

WDR 2006: 30. September 2006 – Vor 10 Jahren: Schweiz beschließt Aufklärung über Nazi-Gold.
https://www1.wdr.de/stichtag/stichtag2114.html. 20.05.2022

Wedekind, Klaus 2022: Wie ein Oligarchen-Sohn britischer Baron wurde,
https://www.n-tv.de/politik/Wie-ein-Oligarchen-Sohn-britischer-Baron-wurde-article23196693.html. 03.06.2022

Weltbank 2021: World Bank Group to Discontinue Doing Business Report.
https://www.worldbank.org/en/news/statement/2021/09/16/world-bank-group-to-discontinue-doing-business-report. 23.04.2022

Wille, Joachim 2020: Corona-Krise – Alles spielt im Internet.
https://www.fr.de/wirtschaft/corona-krise-internet-homeoffice-streaming-datenverkehr-13635017.html. 04.05.2022

Wilson, Godfrey 2019: Brexit and the Future of Tax Havens.
https://taxjustice.net/2019/01/23/BREXIT-and-the-future-of-tax-havens/. 03.06.2022

WirtschaftsWoche 2021: US-Gas nach China statt Europa? Laut Insider strebt China mitten in der Gaskrise Milliardendeal an.
https://www.wiwo.de/lng-us-gas-nach-china-statt-europa-laut-insider-strebt-china-mitten-in-der-gaskrise-milliardendeal-an/27708774.html. 24.06.2022

Worldbank 2022:
https://data.worldbank.org/indicator/
BX.GSR.NFSV.CD?locations=GB-DE. 01.06.2022.

Wrede, Insa 2022: Geheime Milliardendeals: Schweizer Rohstoffhandel füllt Putins Kriegskasse.
https://www.dw.com/de/geheime-milliardendeals-schweizer-rohstoffhandel-f%C3%BCllt-putins-kriegskasse/a-61157572. 18.05.2022

Zajec, Olivier 2010: China – Herr über die Seltenen Erden.
https://monde-diplomatique.de/artikel/!361599. 24.04.2022

Zapf, Marina 2020: Geldgeber China: Afrikas beachtlicher Schuldenberg.
https://www.welthungerhilfe.de/welternaehrung/rubriken/entwicklungspolitik-agenda-2030/wie-hoch-sind-afrikas-schulden-bei-china/. 24.06.2022

Zeit-online 2013: „Wer will was in Syrien?"
https://www.zeit.de/ politik/ausland/2018-03/kriegsparteien-syrien-ueberblick. 15.06.2022.

Zeit-online 2021: „Laut UN mehr als 350.000 getötete Zivilisten in Syrien.
https://www.zeit.de/politik/ausland/2021-09/syrien-baschar-al-assad-regime-krieg-terrorismus-menschenrechtskommissarin. 15.06.2022.

Zeit-online 2022: Zahl der Autozulassungen geht weiter zurück.
https://www.zeit.de/mobilitaet/2022-01/autos-neuzulassungen-2021-rueckgang-kraftfahrt-bundesamt. 26.06.2022.

Zimmermann, Carsten 2022: Baufinanzierung – Das bedeutet die Rückkehr zur 1-Prozent-Tilgung.
https://www.focus.de/immobilien/experten/gastartikel-von-carsten-zimmermann-baufinanzierung-die-rueckkehr-zur-ein-prozent-tilgung_id_107919556.html. 19.07.2022